De schoen van Jan Jansen
Jan Jansen's Shoe

Premsela Design Story

Met de *Premsela Design Stories* belichten Het Nieuwe Instituut en nai010 uitgevers verhalen uit de Nederlandse designgeschiedenis. In deze uitgaven staan iconische objecten centraal die kenmerkend zijn voor een bepaalde periode en die van belang zijn binnen de ontwikkelingen van design.

In the *Premsela Design Stories*, The New Institute and nai010 publishers present tales from Dutch design history. Each publication focuses on a iconic object that has typified particular period and been significant in design's development.

In deze serie verscheen eerder/
Previously published in this series

Marijke Kuper, Lex Reitsma
De stoel van Rietveld / Rietveld's Chair
Book and DVD set

Frederike Huygen, Lex Reitsma
De stijl van het Stedelijk/ The Style of the Stedelijk
Book and DVD set

Zahid Sardar
De Nederlandse fiets / The Dutch Bike

Yvonne Brentjes
De stoel van Friso Kramer/ Friso Kramer's Chair

Het Nieuwe Instituut zet zich in voor de groei van de Nederlandse vormgeving. Design heeft daarbij niet alleen een culturele, maar ook een sociale en economische betekenis. Design draagt bij aan het oplossen van maatschappelijke vraagstukken, relevante technische ontwikkelingen en cultuur. Hierbij werkt Het Nieuwe Instituut intensief samen met een groot aantal nationale en internationale partners, culturele instituten en bedrijven. Het Nieuwe Instituut initieert en ondersteunt onder andere publicaties over Nederlands design en het ondersteunt toegewijd onderzoek voor het behouden en toegankelijk maken van het Nederlands cultureel erfgoed voor een breed publiek.
Het Nieuwe Instituut is ontstaan uit een fusie tussen Premsela, Nederlands Instituut voor Design en Mode, Het Nederlands Architectuurinstiuut en Virtueel Platform, kennisinstituut voor e-cultuur.

The New Institute dedicates itself to promoting the growth of Dutch design. Design's relevance is not only cultural but also social and economic. It helps people to solve shared problems and contributes to significant technological developments and cultural trends. The New Institute works closely with a large number of Dutch and foreign partners, cultural institutions and companies. The New Institute initiates and supports a range of projects, including publications about Dutch design. The institute is committed to researching, preserving and providing access to the design heritage of the Netherlands for a wide audience.
The New Institute is the result of a merger between Premsela, the Netherlands Institute for Design and Fashion, the Netherlands Architecture Institute and Virtueel Platform (the offical industry institute for electronic culture).

www.thenewinstitute.nl

De schoen van Jan Jansen
Jan Jansen's Shoe

Lisa Goudsmit

Premsela Design Story

nai010 uitgevers/publishers

Inhoud

Contents

Voorwoord

In feite werkt Jan Jansen nog altijd op dezelfde wijze als toen hij vijftig jaar geleden begon. In 1963 opende hij zijn eerste winkel Jeannot in Amsterdam en startte daar met het ontwikkelen van bijzondere schoenen, die hij in kleine oplages verkocht. Het enige criterium dat telde was dat vrouwen goed konden lopen op zijn schoenen en verder zag de ontwerper zijn ontwerpen toch vooral als objecten die aan een ultieme vorm en schoonheid moesten beantwoorden. Kort gezegd ging het hem om de samenhang tussen leest, materiaal en belijning en dat leverde in al die jaren prachtige en innovatieve schoenen op. De klompschoen Woody (1969) was het eerste ontwerp waarmee hij internationaal succes verwierf. In 1989 volgde nog een overtuigende innovatie: de schoen met zwevende hak. Maar het ontwerp dat in al die jaren de meeste publiciteit heeft opgeleverd, is de rotanschoen, beter bekend als de Bamboeschoen (1973). Dit ontwerp kent niet alleen een prachtige ontstaansgeschiedenis, maar illustreert ook de typerende ontwerpwijze van Jan Jansen; iemand die steeds de grenzen van het schoenontwerp opzoekt en van wie de omgeving zich regelmatig afvraagt of hij niet meer kunstenaar dan vakman is. De Bamboeschoen is ook exemplarisch voor alle zakelijke verwikkelingen waarin Jan Jansen tijdens zijn hele carrière regelmatig verstrikt raakte; een geniaal ontwerp dat hij als eenmanszaak maar moeilijk in een commercieel product kon vertalen en dat vervolgens door een groot merk zonder scrupules gekopieerd werd en te gelde gemaakt – voor Jan Jansen restte slechts de eer. De casus Bamboeschoen die in dit uitgebreide onderzoek van Lisa Goudsmit centraal staat, fungeert in die zin als een symbool voor het leven en werk van Jan Jansen.

José Teunissen
Lector Modevormgeving ArtEZ

Foreword

Jan Jansen still takes the same approach to creating shoes as he did when he started 50 years ago. He opened his first shop, Jeannot, in Amsterdam in 1963 and began developing distinctive shoes there, which he sold in small production batches. His only criterion is that women are able to walk comfortably in his shoes. Otherwise, Jansen regards his creations primarily as objects that must observe an ultimate form and beauty. In short, his focus has been on the unity of last, material and line; a focus that has produced splendid, innovative shoes throughout his career. The Woody clog (1969) was the first design to bring Jansen international success. He followed this in 1989 with another convincing innovation – the floating heel shoe. But the design that has gained the most publicity over the years is the rattan shoe, better known as the Bamboo Shoe (1973). This shoe not only boasts an impressive design and production history, it also illustrates the characteristic design approach employed by Jansen; an individual who has constantly explored the frontiers of shoe design and whose contemporaries and associates have frequently wondered whether he is more an artist than a craftsman. An ingenious design, hard for a one-man business to translate into a commercial product, unscrupulously copied and sold by a major label, leaving the designer with just his good name, the Bamboo Shoe also exemplifies the tricky commercial and legal situations in which Jansen has regularly been embroiled throughout his career. In this sense the case of the Bamboo Shoe, the central subject of this extensive study by Lisa Goudsmit, functions as a symbol for the life and work of Jan Jansen.

José Teunissen
Professor of Fashion Design ArtEZ

1 Schetsen voor de remake van de Bamboeschoen / Sketches for the remake of the Bamboo Shoe, 2005

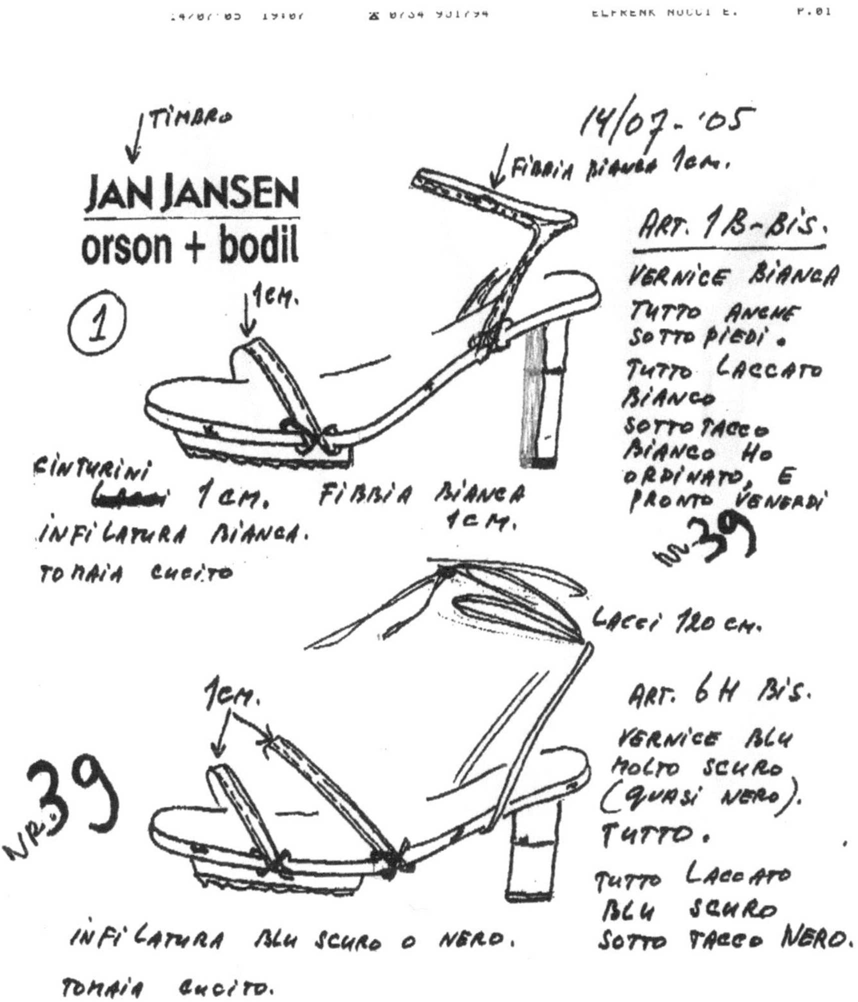

2 Schetsen voor de remake van de Bamboeschoen / Sketches for the remake of the Bamboo Shoe, 2005

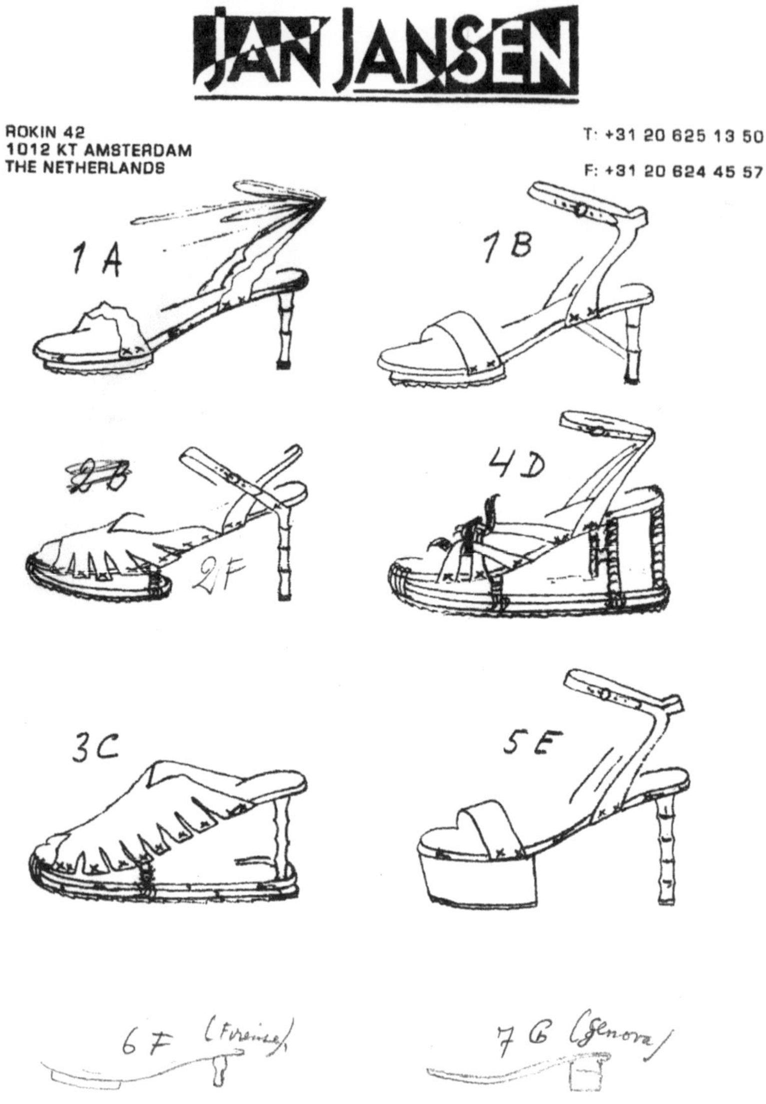

De schoen van Jan Jansen

Inleiding

Het is de zomer van 1973. Een schoenontwerper zit op het strand, peinzend over een nieuw model dat hij wil maken. Dagen zit hij daar, misschien wel weken, turend naar de zee. Dan staat hij op van zijn rotan strandstoeltje, klaar om het op te geven. Maar opeens heeft hij het: een schoen die eruitziet als dat stoeltje waar hij al die tijd op heeft gezeten! Veertig jaar later is dat model een van de bekendste schoenen ooit gemaakt en zal de naam van de ontwerper voor altijd in één adem genoemd worden met die schoen als een rotanstoeltje... De ontwerper? Jan Jansen. Het model? De Bamboeschoen. Wat begon als een associatief idee op het strand in Zuid-Frankrijk, groeide uit tot een iconisch model, dat zijn ontwerper een minstens even iconische status bezorgde.

Jan Jansens bijzondere winkel op het Rokin in Amsterdam fascineert mij al jaren. Jansens schoenen zijn het ideale huwelijk van mijn interesses: mode, ontwerp en kunst. In de Bamboeschoen zie ik de verbeelding van Jansens gedachtegoed en zijn onmiskenbare bijdrage aan Nederlands ontwerp, namelijk van functionele voorwerpen met een innovatieve esthetiek die alle modetrends vooruit zijn. Tegelijkertijd zijn ze tijdloos en misstaan ze niet in een museum. Ook na de blootlegging van de geschiedenis van de Bamboeschoen blijft dit voorwerp mij mateloos intrigeren.[1]

In 2013 is het veertig jaar geleden dat de Bamboeschoen werd ontworpen. *De schoen van Jan Jansen* beschrijft hoe het ontwerp voor de schoen ontstond en hoe die vervolgens, in verschillende fasen en in verschillend vormgegeven versies en materialen, werd geproduceerd. Het is ook een receptiegeschiedenis van de Bamboeschoen. Vanaf het begin baarde de avant-gardistische schoen veel opzien, niet alleen in de schoenenbranche, er was ook veel belangstelling bij de vrouwenbladen, kranten en andere media. Musea, nationaal en internationaal, namen de Bamboeschoen op in tentoonstellingen of in hun collectie, waardoor de schoen ineens als kunstobject kon worden gezien. Tegelijkertijd kocht en droeg een selecte groep van het vooruitstrevende modepubliek de schoen. Ten slotte was er ook de vakmatige interesse bij de schoenontwerpers,

1 Zoals ik in deze publicatie zal toelichten, is de naam Bamboeschoen technisch gezien incorrect: het model heeft immers een zool van rotan en niet van bamboe. Op de website van Jansen worden tegenwoordig verschillende bamboeschoenen zowel 'Rattan' als 'Bamboo' genoemd. Toch zal hier de naam Bamboeschoen worden aangehouden, om verdere verwarring te voorkomen.

Jan Jansen's Shoe

Introduction

It is the summer of 1973. On a beach in southern France a shoe designer is thinking about the new model he wants to make. He sits there for days, perhaps even for weeks, gazing at the sea. Eventually he rises from his rattan beach chair, ready to abandon the project. But sudden inspiration strikes: he will design a shoe that looks like the chair he has been sitting on all that time! Forty years later this designer's concept has become one of the best-known shoes ever made and his name is always mentioned in the same breath as the shoe that resembles a rattan chair . . . The name of the designer? Jan Jansen. And the design? The Bamboo Shoe. What started as an associative idea conceived on a beach in southern France grew over time into an iconic object and conferred on its designer an equally iconic status.

Jan Jansen's distinctive shop on the Rokin in Amsterdam has fascinated me for years. His shoes are the ideal marriage of my interests – fashion, art and design. In the Bamboo Shoe I see the expression of Jansen's ideology and his unmistakeable contribution to Dutch design: functional objects with innovative aesthetics, ahead of any fashion trends, yet timeless and not out of place in a museum. This subject has continued to intrigue me immensely, even after I uncovered the history of the Bamboo Shoe.[1]

2013 is the Bamboo Shoe's fortieth anniversary. *Jan Jansen's Shoe* describes the origins of the shoe's design and its subsequent production in a number of phases and a range of versions and materials. It is also a history of the Bamboo Shoe's reception. The avant-garde shoe immediately caused a stir, not only in the shoe branch, but also in women's magazines, newspapers and other media. Museums, national and international, incorporated the Bamboo Shoe in their exhibitions or collections, elevating its status to that of an art object. Select members of the progressive fashion public wore the shoe, while shoe designers took a professional interest in it; an interest that in several instances led to variations on the

1 As I shall explain in this publication, the name Bamboo Shoe is technically inaccurate, for the shoe has a sole of rattan, rather than bamboo. On Jansen's website various bamboo shoes are currently referred to as both 'Rattan' and 'Bamboo'. However, I have chosen to use the name Bamboo Shoe to avoid further confusion.

in een enkel geval uitmondend in varianten op de Bamboeschoen door andere ontwerpers. Via deze invalshoeken worden de unieke eigenschappen beschreven die de Bamboeschoen tot icoon maakten.

Onmisbaar bij dit onderzoek was de grote rijkdom aan informatie die het archief van Jan Jansen bood. De enthousiaste medewerking van Jan Jansen was een groot voorrecht. In 2012 en 2013 voerde ik meerdere gesprekken met de ontwerper, waarbij ook de herinneringen van zijn vrouw Tonny van groot belangrijk waren.[2]

Daarnaast zijn er nog andere bronnen van informatie en inspiratie die ik dankbaar ben. Ik noem hierbij ten eerste: Job Meihuizen (Premsela, Nederlands Instituut voor Design en Mode) en nai010 uitgevers, vooral in de persoon van Barbera van Kooij. Een speciaal woord van dank gaat uit naar José Teunissen, wiens begeleiding onmisbaar was. Ook Anja Tollenaar, Els van der Plas en Gitta Luiten van Premsela dank ik voor hun inspanningen en vertrouwen. Daarnaast conservatoren Inge Specht (Nederlands Leder en Schoenen Museum, Waalwijk), Frank van de Schoor (Museum Het Valkhof, Nijmegen), Rosita Nenno (Deutsches Ledermuseum/Schuhmuseum Offenbach), Ninke Bloemberg (Centraal Museum Utrecht), William Habraken (SONS) en Victoria Anastasyadis (Stedelijk Museum Amsterdam). Ook bedank ik graag Erna van den Berg, Wim Pijbes, Javier Gimeno-Martínez (Vrije Universiteit), Jan des Bouvrie, Hans Appenzeller, Jan Aarntzen, Rem D. Koolhaas, Hester van Eeghen, Sonja Bakker, Karin Bloemen, Roswitha van Rijn, Puck & Hans Kemmink, Nicky Evers (assistent Jan Jansen), John de Greef, Bauke Aardema (Centraal Museum Utrecht), Catherine Wolfs, Eline de Boer, Aliki van der Kruijs, Art Handling te Nieuw-Vennep en wijlen Maarten van Gijn (Christie's) voor al hun hulp en informatie.

2 Alle informatie over de Bamboeschoen in deze publicatie is afkomstig van ontwerper Jan Jansen, alleen andere bronnen worden in een voetnoot vermeld.

Bamboo Shoe by other designers. The unique qualities that turned the Bamboo Shoe into an icon will be described through these perspectives.

The great wealth of information provided by Jan Jansen's archives was vital to this study. I was also greatly privileged to enjoy Jan Jansen's enthusiastic cooperation. In 2012 and 2013 I had a number of conversations with the designer, during which his wife Tonny made important contributions with her memories.[2]

There are other sources of information and inspiration for which I am grateful. First and foremost in this connection are Job Meihuizen (Premsela, Nederlands Instituut voor Design en Mode) and nai010 publishers, particularly in the person of Barbera van Kooij. A special word of thanks goes to José Teunissen, whose support was invaluable. I also thank Anja Tollenaar, Els van der Plas and Gitta Luiten of Premsela for their efforts and trust. Plus the curators Inge Specht (Nederlands Leder en Schoenen Museum, Waalwijk), Frank van de Schoor (Museum Het Valkhof, Nijmegen), Rosita Nenno (Deutsches Ledermuseum/Schuhmuseum Offenbach), Ninke Bloemberg (Centraal Museum Utrecht), William Habraken (SONS) and Victoria Anastasyadis (Stedelijk Museum Amsterdam). Finally, I would like to thank Erna van den Berg, Wim Pijbes, Javier Gimeno-Martínez (Vrije Universiteit), Jan des Bouvrie, Hans Appenzeller, Jan Aarntzen, Rem D. Koolhaas, Hester van Eeghen, Sonja Bakker, Karin Bloemen, Roswitha van Rijn, Puck & Hans Kemmink, Nicky Evers (assistant to Jan Jansen), John de Greef, Bauke Aardema (Centraal Museum Utrecht), Catherine Wolfs, Eline de Boer, Aliki van der Kruijs, Art Handling of Nieuw-Vennep and the late Maarten van Gijn (Christie's) for all their help and information.

2 All information in this publication about the Bamboo Shoe comes from its designer Jan Jansen unless otherwise stated in a footnote.

3 Schoenfabriek Nimco in Nijmegen met op de voorgrond de vader van Jan Jansen / Nimco Shoe Factory in Nijmegen with Jan Jansen's father in the foreground, 1950

4 Visitekaartje met logo Jeannot / Business card with Jeannot logo, 1963

5 **Jan Jansen voor zijn winkel in de / Jan Jansen in front of his shop on Jonge Roelensteeg, Amsterdam**

foto / photo: *de Volkskrant*, 3 september / September 1964

6 **Me, 1961**
Zwart kalfsleer, bordeauxrode versiering, met de hand gemaakt door Jan Jansen / Black calfskin, burgundy trim, handmade by Jan Jansen
foto/photo: Joost Guntenaar/Claude Vanheye

7 **Tonny, 1964**
Rood suède, met de hand gemaakt door Jan Jansen / Red suede, handmade by Jan Jansen
foto/photo: Niels Schum/Anuschka Blommers

8 Trouwfoto Jan Jansen en Tonny Polman. Tonny's schoenen zijn door Jan gemaakt. / Wedding photo of Jan Jansen and Tonny Polman. Bridal shoes were made by Jan. Nijmegen, 1964

9 **Jan Jansen, gefotografeerd door Paul Huf voor de Grolsch-campagne 'Vakmanschap is meesterschap' / Jan Jansen, photographed by Paul Huf for the Grolsch advertising campaign 'Vakmanschap is meesterschap' (Craftsmanship is Mastership), 1964**
foto / photo: Paul Huf, Maria Austria Instituut

10 Advertentie / Advertisement 'Vakmanschap is meesterschap', 1964

PUBLICATIE VAN DE GROLSCHE BIERBROUWERIJ N.V. FOTO PAUL HUF, GEMAAKT VAN JAN JANSEN, "JEANNOT", AMSTERDAM.

Vakmanschap is meesterschap

Iaute.-chaussure, dat is haute-couture voor de rouw die schoenen wenst waar geen tweede aar van is, schoentjes speciaal voor haar ntworpen, volkomen afgestemd op haar type n haar exclusieve kleding en gemodelleerd aar haar voeten, ook als die niet „moeilijk" ijn.

Iaute-chaussure, jeugdig vakmanschap, techisch en artistiek, verworven na een harde eertijd in kleine vaderlandse schoenfabrieken n bij Romeinse grootheden als Albanese l'Anco, Fontana en Follie.

Vakmanschap is meesterschap. Dat geldt voor aute-chaussure, dat geldt al driehonderd jaar oor de brouwers van Grolsch.

Dank zij dit vakmanschap kan Grolsch ook u nog worden gebrouwen volgens de bijondere methode van Gildemeester Peter Cuyper, in 1677 eigenaar van de Grolsche Bierbrouwerij. Zijn natuurlijke brouwwijze, overgeleverd van Vader op Zoon, werd in de loop der eeuwen steeds verbeterd en verfijnd en aangepast aan moderne mogelijkheden.

Daaraan dankt het Grolsche bier zijn eigen karakter, met die bijzondere smaak en frisheid en dat fijne aroma.

Ook de natuurlijke houdbaarheid van Grolsch - die in een verfijnd brouw- en rijpingsproces van vier maanden ontstaat - is voor de smaak van groot belang. Pasteurisatie (het kunstmatig houdbaar maken) kan daarom achterwege blijven. Hierdoor is Grolsch wèrkelijk vers bier, vers als kersen zo van de boom, vers als een bedauwde perzik zo van de stam. Als het voor U op tafel staat, heeft Grolsch dezelfde bijzondere smaak, dezelfde frisheid en hetzelfde fijne aroma als wanneer U het in de brouwerij zou kunnen drinken, zó uit het proefkraantje van een rijpingsvat getapt.

En tenslotte door de gezellige Grolsche beugelfles:

3 voordelen:

- **KWALITEIT:** vers bier,
- **GEMAK:** geen opener nodig,
- **ZUINIGHEID:** de fles behoeft niet in één keer te worden leeggeschonken

Bierkenners vragen Grolsch

Er is nu een Grolsch bierservies verkrijgbaar bestaande uit zeven verschillende en toch bij elkaar passende glazen, die U ook afzonderlijk kunt bestelle

11 Erna van den Berg, 'Jan Jansen maakt haute chaussure', *De Telegraaf*, 25 april/April 1964

foto's: PAUL HUF

Jan Jansen maakt haute chaussure

door ERNA VAN DEN BERG

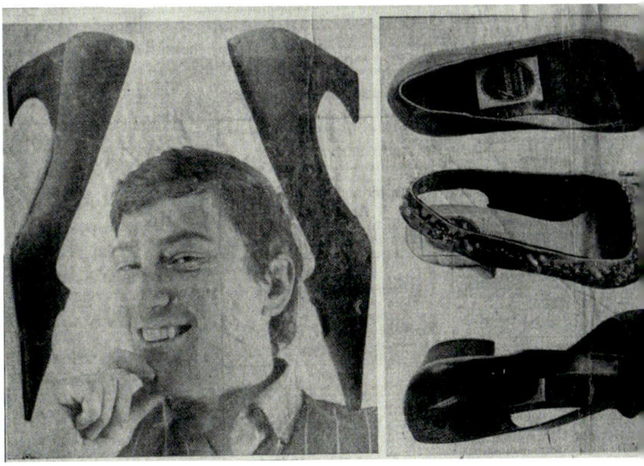

AMSTERDAM, zaterdag.

AMSTERDAM is een handwerksman rijker geworden: een schoenontwerper. Niet voor mensen met moeilijke voeten, maar voor vrouwen, die een haute chaussure voor hun voeten wensen. Jeannot noemt Jan Jansen zijn zaakje op de eerste verdieping in de Jonge Roelensteeg, dat vandaag officieel wordt geopend.

Jan Jansen is 22 jaar. Een leuke jongen met lachende ogen en een prachtige rij tanden. In zijn spraak schuilt de zachte g. Hij komt uit Nijmegen. Daar heeft hij het vak geleerd. Na zijn middelbare school ging hij modellen ontwerpen voor verschillende schoenfabrieken. Hij wilde de Nederlandse confectieschoen meer elan geven. Maar zijn ontwerpen leverden nog wel eens moeilijkheden op voor de produktie. Dan werd er iets aan veranderd. Als dat gebeurde, was voor Jan Jansen het plezier eraf. In die tijd is bij hem het idee geboren om zèlf schoenen te maken. Enkele stuks voor vrouwen aan wie dit besteed zou zijn. Maar wie leert je zo iets in een land waar aangemeten schoenen alleen een noodzakelijke luxe zijn voor mensen met moeilijke voeten?

Naar Rome

BIJ ging ervoor naar Rome, naar het atelier van Follie. Na twee maanden wist hij hoe hij de schoenen, die hij in zijn gedachten had, met zijn handen móest maken.

Toen was er nog maar één wens: een atelier in Amsterdam. Een jaar lang heeft hij zich stilletjes op de openingsdag van vandaag voorbereid in het 2-bij-3-meter-kamertje boven een kunstzaakje. Een hele smalle wenteltrap leidt naar het kleine schoenenpaleisje. Uit zijn met stof beplakte dozen haalt hij enkele schoentjes te voorschijn. Juweeltjes van zacht leer of stof, met stompe neuzen en elegante hakjes. Eén paar is helemaal versierd met kleine kraaltjes, als de muiltjes van Assepoester...

Grootvaders

ZE zijn geboren in het brein van deze 22-jarige, gekleed in een spijkerbroek en een gestreept hemd. Een jongen, die het — door onze vaders verstoten— handwerk van onze grootvaders weer opneemt om te maken wat hij mooi vindt.

„Ik geloof, dat er in deze tijd van mechanisatie behoefte is aan goed handwerk", vindt hij zelf. „In Italië en Frankrijk hebben de mensen veel geld over voor ontwerpschoenen. Ik ben ervan overtuigd, dat er in Nederland ook zo'n groep is. Er zijn hier zoveel goedgeklede vrouwen en het lijkt me dat die niet alleen haute-couture, maar ook haute chaussure willen. Het is alleen vervelend, dat het Nederlandse klimaat mijn vak enigszins tegenwerkt. Want als je hier 's morgens de deur uitgaat, weet je nooit wat voor weer het 's middags zal zijn. Maar volgens mij kan de Nederlandse vrouw dat oplossen door altijd een extra-paar schoenen mee te nemen in de auto of in de tas."

Paar dagen

JAN JANSEN gelooft in de verkoop van zijn schoenen, die bepaald geen paar tientjes zullen gaan kosten. Heel begrijpelijk trouwens, want het maken van één paar schoenen kost hem een paar dagen.

Of de Nederlandse vrouw al aan haute chaussure toe is? Als ze de schoenen hierboven ziet, zal ze alleen maar ja zeggen. Er is trouwens ook een man die dit al gezegd heeft: Dick Holthaus. Deze week zag hij voor het eerst de schoenencollectie van Jan Jansen en deze chaussure past zo bij zijn couture, dat er ogenblikkelijk plannen zijn gemaakt voor de najaarscollecties.

12 **Jan Jansen met Soft Line / Jan Jansen with the Soft Line, 1966**
Kalfsleer in twee kleuren / Two-tone calfskin
foto/photo: Philip Mechanicus, Maria Austria Instituut

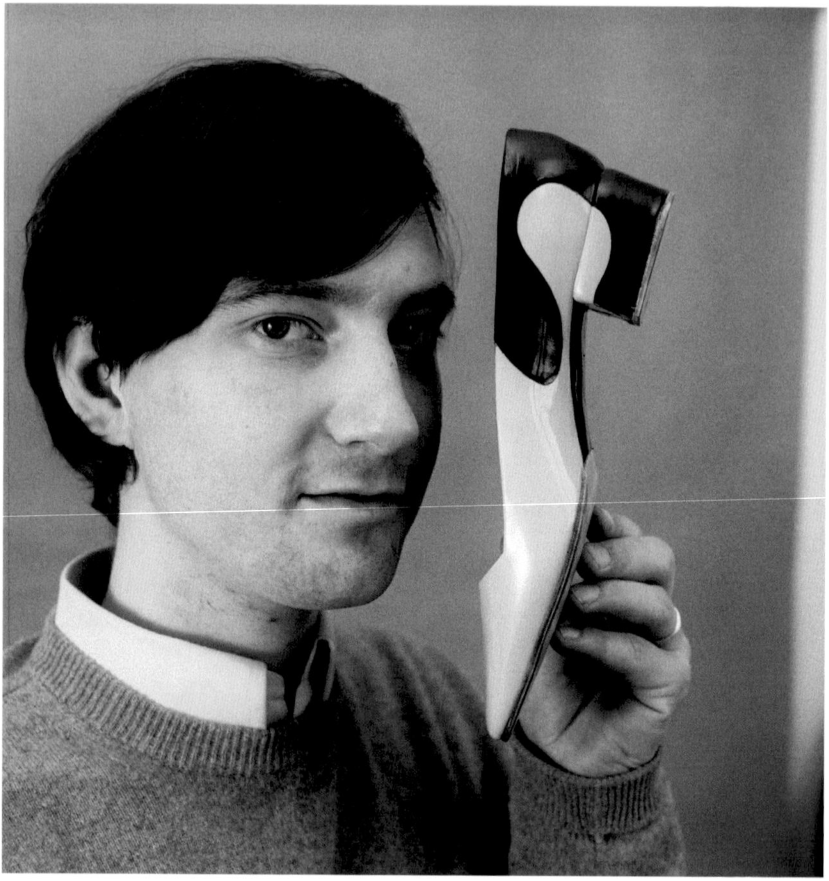

13 **Soft Line, c. 1966**
Donkergeel en paars kalfsleer met elastische wreefband / Dark yellow and purple calfskin with elastic band
collectie/collection Gemeentemuseum Den Haag/The Hague

14 'Mode in het Stedelijk Museum', tentoonstelling / exhibition 'Een modebeeld', Stedelijk Museum Amsterdam, 1966

MODE IN HET STEDELIJK MUSEUM

JAN JANSEN BRENGT ,INTERCHANGEABLE FASHION'

Ontwerper Jan Jansen bij zijn modellen, onder de glazen koepels in de expositieruimte van het Stedelijk Museum.

AMSTERDAM — Voor de tweede maal in betrekkelijk korte tijd exposeert Jan Jansen, Nederlands enige bottier, in het Stedelijk Museum te Amsterdam. Betrof het de eerste maal een expositie van een aantal jonge beeldende kunstenaars, ditmaal heeft de tentoonstelling in het Stedelijk Museum vooral betrekking op mode. ,,Een modebeeld'' heet de tentoonstelling dan ook en in een aantal zalen worden hiervan enkele facetten, namelijk kleding en schoeisel, belicht. Vier jonge Nederlandse ontwerpers tonen hier hun ideeën onder wie dus Jan Jansen, die hier zijn ,,interchangeable fashion'' presenteert.

Het is een nieuw idee en bestaat uit schoenen, waarin losse muiltjes passen, zodat met enige paren schoenen en muilen een groot aantal combinatiemogelijkheden ontstaat, ook al omdat de schoentjes ook zonder muilen kunnen worden gedragen. Met schoenen in dit idee uitgevoerd behaalde Jan Jansen vorig jaar dan ook de EMS-cultuurprijs in het schoenenvak. Een aantal van deze schoenen is nu in het Stedelijk Museum te zien op deze expositie, die zeer klein maar wel apart is. Onder vier plastic koepels staan namelijk niet veel meer dan een vijftal paar schoenen, dat overigens per paar voor zo'n f 250,-- tot f 350,-- verzekerd is. Het zijn nog modellen in Jan Jansen's ,,soft line'' en in een kleurcombinatie, die hij vaak gebruikt: cyclaam met oranje. Zo staat er een cyclaamkleurig lakschoentje met een ver opengewerkt voorblad, maar dichte neus, waarin een muiltje past, dat is vervaardigd van stof met veelkleurige jugendstilmotieven. Een andere muil voor dit schoentje is van donkere stof en is bezaaid met rode, groene, blauwe, witte en zilveren pailletten. Het schoentje kan tenslotte ook zonder muil worden gedragen en wordt dan een open zomerschoentje.

MEUBELDOPPEN

Het aantal variaties op dit idee is uiteraard groot. Onder een tweede plastic koepel staat dan ook een paar oranje schoentjes van calfsleder, in het model van een kruisbandsandaal. Hierin passen cyclaamkleurige muiltjes, die Jan Jansen met zilveren ,,spijkers'' (zeg maar meubeldoppen) bestrooide.

Overigens is de ,,soft line'' duidelijk op retour. Het nieuwste — en het fraaiste — model op deze expositie is , ondanks een krullerige metaalversiering, veel strakker van lijn en ook de kleuren zijn totaal anders dan bij zijn uitgesproken ,,soft line''-modellen.

ROESTVRIJ STAAL

Voor dit paar schoenen heeft hij daarbij gegrepen naar roestvrij staal, wat bij een donkerblauw (naar anthraciet), een heel

Open schoenen van oranjekleurig calfsleder met cyclaamkleurige muilen, versierd met enorme ,,spijkers''.

10

Nederlands enige bottier heet: Jan Jansen

Jan Jansen is vierentwintig jaar en Nederlands enige bottier. Een wel uitzonderlijk beroep dus. Niet alleen in Nederland maar over de gehele wereld. Er zijn er niet veel. We zouden ons dan ook kunnen voorstellen dat wie Jan Jansen en zijn atelier bezoekt zich een totaal ander idee heeft gevormd van de een, zowel als de ander. Hij heeft uiterlijk niets van een kunstenaar. Het is een gewone ontwerper, die er mede dank zij zijn beatle-achtige haardos zo jong uitziet, dat je je nauwelijks kunt voorstellen dat hij al een hele schoencollectie voor het huis Dior op zijn naam heeft staan. Het is met hem over zijn vak en de mode in het algemeen bijzonder plezierig praten. Vooral omdat hij een uitgesproken mening heeft, die niet onder stoelen of banken steekt, maar die hij toch nergens opdringt. Zijn atelier in de Jonge Roelensteeg, een zijstraat van de Kalverstraat in Amsterdam, is ook al eenvoudig. Trapjes voeren griezelig loodrecht omhoog en leiden ons regelrecht naar zijn domein op de tweede etage. Wie na dit klauterwerk meent in een echt atelier terecht te komen zoals het bekende ontwerpers betaamt, is er ook al naast. Het atelier lijkt meer op een studentenhok en het enige lollige eraan vinden we de donkere balken. Een bank, een stoel, een soort bureau en daar is alles mee gezegd. Tenminste bijna. Want dat we bij een bottier zijn beland zien we aan een aantal — overigens aparte — schoentjes, her en der verspreid, schoenendozen en een rijtje houten leesten in deze „werkplaats".

Jan Jansen toont aan zijn werktafel een van zijn schoentjes uit zijn collectie voor voorjaar en zomer 1967. Een lakschoentje in de kleuren rood met roze. Opvallend is de dichte hiel met open teen en de toch ook wel aparte lijn van dit schoentje

16 **Jan Jansen voor zijn winkel in de / Jan Jansen in front of his shop on Runstraat, Amsterdam, 1968**
uit / from: *Jan Jansen*, 2007

17 Logo's ontworpen door / Logos designed by Swip Stolk

18 **Brochure met variaties van de Woody / Brochure with variations of the Woody, 1969**

19 **Woody 1, 1969**
Kalfsleer op houten zool / Calfskin nailed on wooden sole
foto / photo: Joost Guntenaar / Claude Vanheye

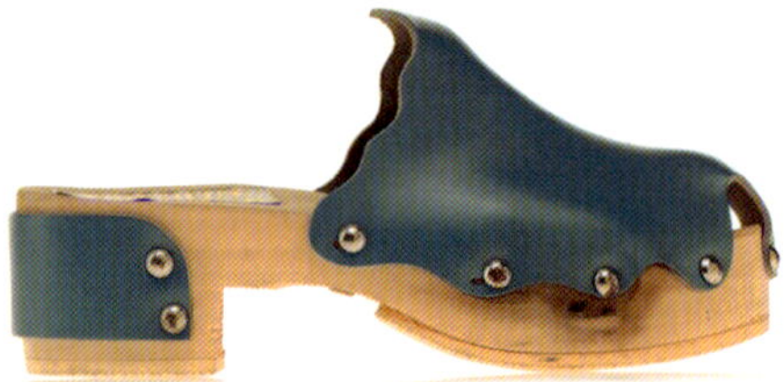

Het begin van een carrière

Jan Jansen werd in 1941 in Nijmegen geboren, als zoon van een verkoop-
3 leider van schoenfabriek Nimco. De liefde voor schoenen zit er al jong in.
7, 8 Voor zijn aanstaande vrouw en muze Tonny maakt Jansen in 1959 zijn
6 eerste schoen en in 1961 creëert hij de Me voor zichzelf. Jansen heeft dan
al praktijkervaring opgedaan bij schoenontwerpers, onder andere bij
Nimco en bij schoenfabriek Neerlandia in Loon op Zand. Een jaar later,
in 1962, vertrekt hij naar Rome om in het epicentrum van de schoenkunst
zijn ambachtelijke kwaliteiten te ontwikkelen bij de beroemde ateliers
van Follie, D'Alco en Albanese.[3]

In 1963 begint Jan Jansen onder de naam Jeannot zelf schoenen te
4, 5 ontwerpen en te produceren in de Jonge Roelensteeg in Amsterdam.[4]
Een jaar later wordt hij hier opgemerkt door fotograaf Paul Huf, die hem
9, 10 vraagt te poseren in zijn reclamecampagne *Vakmanschap is meester-*
schap voor biermerk Grolsch.[5] De campagne bestaat uit beelden die een
ambachtelijk vakman portretteren; zo staat Jansen sindsdien bekend en
tot de dag van vandaag worden de handwerkkwaliteiten van de schoen-
ontwerper in de media benadrukt. En terecht, want Jansen is dankzij zijn
gedegen opleiding nog een 'echte schoenmaker' die ook zijn eigen leesten
maakt, een unicum onder hedendaagse schoenontwerpers.

Naar aanleiding van de Grolsch-campagne nam Paul Huf journaliste
Erna van den Berg mee naar Jansen. 'Amsterdam is een handwerksman
rijker: een schoenontwerper', schreef zij in *De Telegraaf* van 24 april 1964
11 onder de kop 'Haute chaussure'.[6] Het artikel vormde het begin van een
hartelijke relatie tussen de pers en Jan Jansen.[7] Van den Berg verklaart
bijna vijftig jaar na haar perslancering van Jansen: 'Er waren toen geen
ontwerpers die handgemaakte schoenen maakten voor een modieus
publiek, Jan Jansen was de enige! Zijn schoenen zijn altijd even specta-
culair en vernieuwend als toen gebleven.'[8]

3 Jansen had de adressen van deze ateliers na aandringen ontvangen van de redactie van het blad *Schoenvisie*, waarin een advertentie stond die zijn interesse had gewekt.

4 Hier woonde en werkte Jansen tot zijn trouwen met Tonny in 1964. De Jeannot-schoenen werden verkocht in boetiekjes verspreid door Nederland. Pas in 1968 opende Jansen zijn eigen winkel JaJa.

5 De ontdekking van Jansen door Paul Huf wordt beschreven door Jos Arts in: *Jan Jansen* (Arnhem, 2009), p. 61-62.

6 Dit was het eerste artikel dat over Jan Jansen verscheen, aldus Erna van den Berg in gesprek met auteur, 7 februari 2013.

7 Volgens Jos Arts werd met dit historische artikel Jansens carrière gelanceerd, op. cit. (noot 5), p. 62.

8 Erna van den Berg in gesprek met auteur, 7 februari 2013.

Aan Jansens imago van ambachtelijk schoenontwerper werd halverwege
de jaren zestig nog een andere dimensie toegevoegd: dat van een artis-
tiek schoenontwerper wiens creaties ook als kunst te beschouwen zijn.
Jansen spreekt dit beeld zelf tegen: hij is immers gebonden aan de vorm
van een voet bij het maken van zijn werk, terwijl een kunstenaar vrij is te
maken wat hij wil.[9] Het beeld van Jan Jansen de kunstenaar is enerzijds te
verklaren door het excentrieke uiterlijk van zijn creaties alsook door zijn
eigen artistieke voorkomen. Anderzijds is dit imago verbonden aan het feit
dat de schoenen van Jansen regelmatig in (kunst)musea te bewonderen
zijn. Dit gebeurde voor het eerst in 1966, toen het Stedelijk Museum
12, 13 Amsterdam de Soft Line-schoenen presenteerde in de tentoonstelling
'atelier 4'.[10] Jansen is de enige niet-kunstenaar die in deze tentoonstelling
is opgenomen. Volgens de begeleidende brochure is Jansen de 'enige
15 Nederlandse bottier voor speciaal ontworpen en handgemaakte schoenen
voor particulieren'.[11] Ook in 1968 werd Jansens werk getoond in het
14 Stedelijk, in de groepsexpositie 'Een modebeeld'.[12]

Terwijl zijn werk al in het museum te zien is, begint Jansen in 1968
pas met het produceren van halfjaarlijkse collecties onder zijn eigen naam.
16, 17 Hij opent zijn boetiek JaJa in het centrum van Amsterdam, Runstraat 4, in
wat nu bekendstaat als de Negen-Straatjesbuurt. Een jaar later ontwerpt
18, 19 hij zijn meest verkochte creatie: de Woody, ook wel het Klompje genoemd.
Het is een elegante versie van een klomp, uitgevoerd met een lage hak. In retrospectief is de Bamboeschoen een esthetische opvolger van de Woody: beide hebben een innovatieve constructie die het materiaalgebruik blootlegt. Het hout en leer van de Woody zijn even robuust als het rotan en nubuck van de Bamboeschoen.

De Woody paste eind jaren zestig perfect in het modebeeld van minirokken. Jansen zelf zegt echter geen trends te volgen, eerder loopt hij onbewust enkele seizoenen voorop. Vanaf het succes van de Woody wordt Jansen behalve als ambachtsman en kunstenaar ook gezien als trendsettend ontwerper. Aan dit veelzijdige imago kan nog een dimensie worden toegevoegd wanneer hij van de Woody 100.000 stuks verkoopt: Jansen is

9 In meerdere gesprekken tussen Jansen en de auteur kwamen deze restricties aan de orde. Jansen blijft zichzelf industrieel ontwerper noemen, omdat hij altijd zijn werken om een voet heen bouwt.

10 De tentoonstelling 'atelier 4' vond plaats van 28 oktober tot en met 4 december 1966 en bevatte werk van onder anderen Daan van Golden, Franck Gribling en Otto Prinsen.

11 *atelier 4*, tekst Liesbeth Crommelin, Amsterdam (Stedelijk Museum) 1966. De wettelijk beschermde beroepstitel 'bottier' mag alleen gevoerd worden door een schoenontwerper die zelf schoenen met de hand maakt.

12 'Een modebeeld' vond plaats van 12 januari tot en met 18 februari 1968. De andere deelnemers waren Alice Edeling, Perry Brun en Maarten van Dreve.

The Start of a Career

Jan Jansen was born in Nijmegen in 1941, the son of a sales manager at
3 the Nimco shoe factory. His love of shoes began at an early age. In 1959
7, 8 Jansen made his first shoe for his future wife and muse Tonny; in 1961 he
6 created the Me for himself. By this time he had already acquired practical
experience with a number of shoe designers, including those at Nimco
and the Neerlandia shoe factory in Loon op Zand. A year later, in 1962,
Jansen went to Rome, the epicentre of shoe art, to develop his qualities as
a craftsman at renowned workshops such as Follie, D'Alco and Albanese.[3]

In 1963 Jan Jansen began to design and produce shoes himself,
4 under the name of Jeannot.[4] He was noticed the following year, in his
5 premises in Jonge Roelensteeg in Amsterdam, by photographer Paul Huf,
who asked him to pose for his advertising campaign *Vakmanschap is*
9, 10 *meesterschap* (Craftsmanship is mastery) for the Grolsch beer brand.[5]
After his appearance in this campaign, which comprised images of a traditional craftsman at work, Jansen was always identified as such a craftsman: his artisanal qualities as a shoe designer are still emphasized in the media to this day. And rightly so, for Jansen is a product of his thorough training, a 'true shoemaker' whose practice of making his own lasts sets him apart as unique among contemporary shoe designers.

The Grolsch campaign prompted Paul Huf to take journalist Erna
van den Berg to meet Jansen. 'Amsterdam is an artisan richer, a shoe
designer', she wrote in *De Telegraaf* of 24 April 1964, under the heading
11 'Haute chaussure'.[6] The article formed the beginning of a warm relation-
ship between the press and Jan Jansen.[7] Almost 50 years after she had launched Jansen in the press, Van den Berg declared: 'There weren't any designers producing handmade shoes for a fashionable public at the time. Jan Jansen was the only one! His shoes have always remained as spectacular and innovative as they were then.'[8]

3 Jansen had pressed the editorial team of the journal *Schoenvisie*, which had included an advertisement that had aroused his interest, to give him the addresses of these workshops.

4 Jansen lived and worked here until he married Tonny in 1964. Jeannot shoes were sold in small boutiques throughout the Netherlands. Jansen did not open his own shop, JaJa, until 1968.

5 Jansen's discovery by Paul Huf is described by Jos Arts in: *Jan Jansen* (Arnhem, 2009), p. 61-62.

6 This was the first article about Jan Jansen to be published, Erna van den Berg in conversation with the author, 7 February 2013.

7 According to Jos Arts, Jansen's career was launched with this historic article, op. cit. (note 5), p. 62.

8 Erna van den Berg in conversation with the author, 7 February 2013.

In the mid 1960s another dimension was added to Jansen's image as an artisanal shoe designer: that of an artist whose shoe creations could also be considered art. Jansen himself disputes this image, however, for he maintains that he is always constrained by the form of a foot when producing his work, whereas artists are free to make whatever they want.[9] Jan Jansen's image as an artist can be explained on the one hand by the eccentric look of his creations, plus his own artistic appearance, and on the other by the association of this image with the fact that Jansen's shoes are regularly displayed in museums. The first occasion was in 1966, when the Stedelijk Museum in Amsterdam presented
12, 13 Jansen's Soft Line shoes in the exhibition 'atelier 4'.[10] Jansen was the
only non-artist to be included in this exhibition, whose brochure ex-
15 plained that Jansen was also the 'only Dutch *bottier* for special designs
and handmade shoes for private clients'.[11] In 1968 Jansen's work was
again displayed at the Stedelijk, in the group exhibition 'Een mode-
14 beeld'.[12]

Despite his work already being in the museum, Jansen did not begin to produce a half-yearly collection under his own name until 1968,
16, 17 when he opened his own boutique, JaJa, at 4 Runstraat in the centre of
Amsterdam, in the neighbourhood now known as the Nine Streets. A year
18, 19 later he designed his bestselling creation, the Woody, which is an elegant
version of a clog, incorporating a low heel. In retrospect the Bamboo Shoe is an aesthetic successor to the Woody, for both have an innovative construction that highlights the use of material. The wood and leather of the Woody are as robust as the Bamboo Shoe's rattan and nubuck.

In the late 1960s the Woody fit perfectly in the fashion image of miniskirts. However, Jansen himself says that he does not follow trends but is several seasons ahead without being aware of it. From the success of the Woody onwards he was regarded as a trendsetting designer, as well as an artisan and an artist. He added commercial success to this multifacetted image when he sold 100,000 units of the Woody. This was

9 These restrictions were discussed in a number of conversations between Jansen and the author. Jansen continues to call himself an industrial designer, as he always constructs his works around a foot.

10 The 'atelier 4' exhibition ran from 28 October to 4 December 1966 and comprised work by artists such as Daan van Golden, Franck Gribling and Otto Prinsen.

11 *atelier 4*, tekst Liesbeth Crommelin, Amsterdam (Stedelijk Museum). The legally protected professional title of 'bottier' may only be used by a shoe designer who makes shoes with his own hands.

12 'Een modebeeld' ran from 12 January to 18 February 1968. The other designers were Alice Edeling, Perry Brun and Maarten van Dreve.

dan ook commercieel succesvol. Dit is mede dankzij de Amsterdamse modeontwerpster Sophie van Kleef, die het Klompje in haar modeshows gebruikt en in haar winkeletalage uitstalt.[13] Het lijkt tijd te worden dat de artistieke en trendsettende vakman zijn commerciële succes naar het buitenland uitbreidt.

Van inspiratie tot prototype

Vanaf het succes van de Woody is Jan Jansen een geliefd ontwerper, die past binnen het rijtje van ontwerpers die de Nederlandse mode hervormen. Zo openen Frans Molenaar in 1967 en Edgar Vos in 1971 hun eerste winkels in Amsterdam. Beiden zijn klassieke couturiers, maar hun focus op ambacht en kwaliteit is vergelijkbaar met die van Jansen. Frank Govers maakte begin jaren zeventig een doorstart met zijn uitbundige mode. Ook Fong Leng, die in 1971 haar winkel aan de P.C. Hooftstraat opende, was geliefd om haar kleurrijke gewaden. Daarnaast was de Amsterdamse winkel van Puck & Hans populair. Eind jaren zestig en begin jaren zeventig was een vrijgevochten periode waarin hippies met hun idealen een stempel drukten op de mode. Zowel Govers, Leng als Puck & Hans waren vanwege hun excentrieke mode geliefd bij deze ruimdenkende hippiegeneratie. Ook Jansens vaak uitbundige en kleurrijke ontwerpen pasten goed bij deze tijdgeest. Erna van den Berg zegt hierover: 'Die hele groep ontwerpers was zo leuk: Puck & Hans, Frank Govers, maar ook Max Heymans en Dick Holthaus. Fong Leng, Holthaus en Govers gebruikten Jansens schoenen in hun shows. Jansen was de enige die modieuze schoenen maakte.'[14]

Sieradenontwerper Hans Appenzeller bevestigt dit: 'Jansen bood iets aan dat er nog niet was, waarvan mensen nog niet wisten dat het überhaupt bestond.' Appenzeller maakt sinds 1969 sieraden. Toentertijd woonde hij enkele panden naast de winkel van Jansen in de Runstraat. 'Ik liep vaak even binnen. Jansen was al een gevestigd ontwerper, ik begon net. Rond die tijd ging men fris nadenken over vormgeving. De roerige jaren zestig waren achter de rug, het hing in de lucht dat toegepaste kunst zou veranderen.'[15] Jan Aartzen, nu bekend als ontwerper van theaterkostuums, maar destijds ontwerper van seizoensgebonden

13 Model, styliste en modeontwerpster Sophie van Kleef runde van 1962 tot en met 1969 modewinkel 'Sophie en Johnny' met haar vriend, zanger Johnny Lion. Hij schreef over Van Kleef het beroemde liedje *Sophietje*.

14 Erna van den Berg in gesprek met auteur, 7 februari 2013.

15 Hans Appenzeller in telefoongesprek met auteur, 8 februari 2013.

modecollecties, herinnert zich ook die verwantschap. Hij licht toe: 'We kenden elkaar allemaal in de Amsterdamse ontwerpwereld, en hielpen elkaar ook. We waren jong, er heerste een soort vrolijkheid. Daarbinnen paste Jansens werk goed: het is vrolijkmakend, ondeugend en brutaal. Ik gebruik ook nu nog vaak schoenen van Jansen.'[16]

Hans Kemmink, van het bekende modeduo Puck & Hans, vertelt:

> Wij verkochten al in 1966 schoenen van Jansen, dat hebben we drie jaar gedaan. Het was het begin van onze carrières. Wij hadden vanaf 1974 onze winkel op het Rokin. Toen naast ons een pand vrijkwam, hebben we Jansen daarop gewezen. Hij werd onze buurman en zijn winkel zit er nu nog.

Kemmink geeft een verklaring voor Jansens succes toen en nu:

> Door zijn ziel en zaligheid erin te leggen is hij zo succesvol. Hij is een kunstenaar met uniek kleur- en materiaalgebruik, maar hij voelt de tijdgeest ook goed aan, zoals met die Klompjes.[17]

Jansen was als schoenontwerper duidelijk uniek in eigen land en alhoewel hij meermalen het advies kreeg om zijn geluk in het buitenland te beproeven, weerhield zijn bescheidenheid hem ervan om zijn werkterrein uit te breiden. Daarbij kwam dat Jansen begin jaren zeventig niet over de financiële middelen beschikte om een stand op een internationale schoenenbeurs in te richten. Zijn twijfels en geldgebrek werden gepareerd door Frits Becht, directeur van onderzoeksbureau Intomart en tevens fervent kunstverzamelaar. Becht zag Jansens artistieke kwaliteiten en commerciële potentie. In 1973 leende hij de schoenontwerper 30.000 gulden voor een stand op de 'Semaine du Cuir', de internationale schoen- en lederbeurs in Parijs, in september.

In de zomermaanden voelde Jansen de druk om een geweldige schoen te bedenken. Becht had immers zo veel vertrouwen in hem gesteld dat hij diens investering wel moest waarmaken. Toen hij in de vakantie met Tonny en hun twee zoons in Zuid-Frankrijk verbleef, werkte hij drie weken achtereen nachtenlang door aan een schoen die de aandacht moest trekken op de Parijse beurs. Tevergeefs. Tot hij opeens aandachtig keek naar het rotan strandstoeltje waar hij al weken in zat: het idee van een rotanschoen was geboren. Zoals Jansen later zelf zou verklaren: 'Dergelijke dingen kun je alleen maar ontwerpen als je van de wereld af bent.'[18] Op de terugweg naar huis kwam de ontwerper opeens overal bamboe en rotan tegen. Alsof het universum hem een teken gaf, zag Jansen midden in Parijs

16 Jan Aarntzen in telefoongesprek met auteur, 8 februari 2013.
17 Hans Kemmink in telefoongesprek met auteur, 11 februari 2013.
18 *Deventer Dagblad*, 21 maart 1975.

partly thanks to the Amsterdam fashion designer Sophie van Kleef, who used the Cloggie in her fashion shows and shop window display.[13] The time seemed ripe for this artistic, trendsetting craftsman to expand his commercial success abroad.

From Inspiration to Prototype

With the success of the Woody, Jan Jansen became an admired designer, part of the small group of designers engaged in reforming Dutch fashion. Designers such as Frans Molenaar and Edgar Vos, who opened their first shops in Amsterdam in 1967 and 1971 respectively. Although Molenaar and Vos are both classic couturiers, their focus on craftsmanship and quality puts them on a par with Jansen. In the early 1970s Frank Govers changed direction with his exuberant fashions; Fong Leng opened her shop on P.C. Hooftstraat in 1971 and was loved for her colourful garments, while the Puck & Hans shop in Amsterdam was also popular. The late 1960s and early 1970s were a feisty period in which hippy ideals left their mark on fashion. Govers, Leng and Puck & Hans were prized for their eccentric fashions by this open-minded hippy generation. Jansen's often vivacious and colourful designs meshed well with the spirit of this time. Erna van den Berg says of this period: 'They were such fun, that whole group of designers: Puck & Hans, Frank Govers and Max Heymans and Dick Holthaus too. Fong Leng, Holthaus and Govers used Jansen's shoes in their shows. Jansen was the only one making fashionable shoes.'[14]

Jewellery designer Hans Appenzeller confirms this: 'Jansen was supplying something that wasn't there before, something people didn't know existed yet.' Appenzeller has been making jewellery since 1969, when he lived a few doors away from Jansen's shop in Runstraat. 'I often popped in. Jansen was already an established designer; I was just beginning. Around this time people were taking a fresh approach to design. The turbulent 1960s were over, it was in the air that there would be changes in the applied arts.'[15] Jan Aartzen, now known as a designer of theatrical costumes, but then a designer of seasonal fashion, also

13 From 1962 to 1969, model, stylist and fashion designer Sophie van Kleef ran the fashion shop 'Sophie en Johnny' with her boyfriend, the singer Johnny Lion. He wrote the famous Dutch pop song *Sophietje* about her.

14 Erna van den Berg in conversation with the author, 7 February 2013.

15 Hans Appenzeller in a telephone conversation with the author, 8 February 2013.

remembers these connections. He explains: 'We all knew each other in the Amsterdam design world, and helped each other too. We were young, and the prevailing mood was upbeat. Jansen's work – cheerful, naughty and cheeky – fit successfully into this. I often still use shoes by Jansen.'[16]

> Hans Kemmink, of Puck & Hans, the well-known fashion duo, recalls: We were already selling shoes by Jansen in 1966 and we did so for three years. It was the start of our careers. From 1974 we had our shop on the Rokin. When the premises beside ours became available, we told Jansen. He became our neighbour and his shop is still there.

Kemmink has an explanation for Jansen's success, then and now:

> He's been so successful by putting his heart and soul into it. He's an artist with a unique use of colour and material, but he's also very sensitive to the spirit of the time, as his Cloggies show.[17]

Jansen was clearly unique as a shoe designer in his own country. Athough repeatedly advised to try his luck abroad, modesty prevented him from expanding his field of activity. Moreover, in the early 1970s he lacked the financial resources to fit out a stand at an international shoe fair. His doubts and lack of funds were countered by Frits Becht, director of the Intomart research bureau and a fervent art collector, who perceived Jansen's artistic qualities and commercial potential. In 1973 Becht loaned the shoe designer 30,000 guilders for a stand at the 'Semaine du Cuir', the international shoe and leather fair held in Paris in September.

During the summer months of 1973 Jansen felt under pressure to devise a fabulous shoe. Becht had put such a great deal of trust in him that he had to live up to his benefactor's investment. On holiday with Tonny and their two sons in southern France, he spent three weeks working nights on a shoe that would attract attention at the Paris fair. All his ideas led nowhere, however, until he suddenly took a good look at the little rattan beach chair in which he had been sitting for weeks. And thus the concept of a rattan shoe was born. Jansen himself would later declare: 'You can only design such things when you've cast off the world.'[18] On the way home the designer suddenly started to see bamboo and rattan everywhere he looked. As if the universe was giving him a sign, he even stumbled across a great stack of bamboo in the centre of Paris.

16 Jan Aarntzen in a telephone conversation with the author, 8 February 2013.
17 Hans Kemmink in a telephone conversation with the author, 11 February 2013.
18 *Deventer Dagblad*, 21 March 1975.

zelfs een grote berg bamboe liggen. Het werd hem duidelijk hij deze 'bamboeschoen' wel moest maken.[19]

Terug in Amsterdam doet Jansen zijn best een schoen te modelleren met een rotan zool. Hij heeft niet eerder gewerkt met het materiaal, dat lastig te buigen is. In eerste instantie ontwikkelt Jansen dan ook een model
21 waarbij omwikkelde leren stroken de rotan pijlers in de zool bijeenhouden. Vervolgens creëert hij met behulp van heet water en een vlam een eerste variant, die in zijn eigen woorden 'nergens op leek'. In het telefoonboek vindt hij een professionele rotanvlechter in de Amsterdamse Jan van Galenstraat: Jan Zuil. De van oorsprong Friese stoelenvlechter wil proberen de zool voor Jansen te maken.[20] Op verzoek vlecht Zuil zes paar zolen; zelf vlecht Jansen de leren bovenstukken erop. De zes paar prototypes hebben een zool met twee 'pijlers', waarop de voet balanceert. Tussen de twee pijlers zijn twee C-vormen met de bolle kanten tegen elkaar geplaatst,
22 waardoor er een ronde X-vorm ontstaat. Van de zes paren hebben er twee
24 een groenblauwe bovenkant die gevormd is als een muiltje, zonder band om de enkel. De andere vier paar hebben wel een enkelbandje. Van deze meer sandaalachtige variant zijn er twee beige met bordeaux, de andere twee rood met paars. De bovenkant van alle eerste Bamboeschoenen is van nubuck: leer dat aan de bovenkant licht opgeschuurd is. Volgens Jansen heeft nubuck een sportievere uitstraling dan suède en een meer bijzonder uiterlijk dan glad leer. Dit past goed bij de Bamboeschoen, die eerder stoer is dan chic.

Jansen betaalt Zuil honderd gulden per paar, een hoog bedrag toentertijd. Hij gebruikt het geld van Becht ook om te investeren in een bijzonder standontwerp, de Semaine du Cuir moet immers zijn internationale doorbraak worden en Jansen weet dat hij de aandacht van de pers moet trekken. Hij vraagt zijn goede vriend en grafisch ontwerper Swip Stolk voor het ontwerp ervan. Stolk creëert een stand die Jansen omschrijft als: 'een Amsterdams hoerenkamertje met sexy aangeklede etalagepoppen met opengezaagde sensuele monden en de borsten opengezaagd en groter gemaakt. Het zag er misschien ordinair uit, maar het was in ieder
23 geval met een knipoog.'

19 Volgens Toon Lauwen kreeg Jansen zijn inspiratie voor de Bamboeschoen toen hij over een hoop bamboe struikelde in Parijs: 'Het is waarschijnlijk geen toeval dat de schoen dezelfde openheid van constructie kreeg als de Eiffeltoren.' Toon Lauwen, *Dutch Design van de 20ste eeuw* (Bussum, 2003), p. 18. Jansen zelf vertelt echter dat hij eerst geïnspireerd werd door een strandstoeltje in Zuid-Frankrijk en daarna pas 'overal bamboe ging zien'.

20 Jan Zuil is te zien in de TROS-documentaire *De vormgevers: stoelen en wat erachter zit* uit 1979, www.beeldengeluid.nl.

In dit 'hoerenkamertje' staat de rotanschoen opgesteld. De pers herkent het materiaal echter niet en noemt het bamboe. Jansen zelf gaat vanaf dat moment het model ook maar Bamboeschoen noemen.[21] Op de beurs trekt de ontwerper niet alleen de aandacht van pers, ook fabrikanten tonen interesse in Jansens werk. Charles Jourdan, eigenaar van de Franse schoenfabriek die luxe schoenen produceert voor Dior en Yves Saint Laurent, is onder de indruk, maar zegt tegen Jansen: 'Dit is niet commercieel. Maar als je dit kunt bedenken, kun je ook eenvoudigere dingen bedenken. Dus kom bij me werken en maak wat eenvoudigs.' Dit is het begin van Jansens freelance werk; vanaf dat jaar werkt Jansen een paar jaar lang elke zomer drie weken voor Jourdan.

Ook de Edison Brothers, eigenaren van een grote schoenwinkelketen in de Verenigde Staten, tonen interesse in Jansens creatie. De broers zien de schoen niet als functioneel object, maar willen in elk van hun winkels een Bamboeschoen zetten ter decoratie. Ze wensen duizend paar te bestellen en zijn bereid honderd dollar per paar te betalen. Jansen is echter afhankelijk van de op kleine schaal werkende rotanvlechter Jan Zuil, die nooit aan deze grote Amerikaanse order kan voldoen. Zo loopt Jansen 100.000 dollar mis.

Na de Semaine du Cuir ontvangt Jansen veel internationale media-aandacht. Zelfs tot in de regionale Nederlandse bladen dringt het nieuws van de Bamboeschoen door. Het *Steenwijker Dagblad* rapporteert: 'Torenhoge uiterst zomerse plateauschoenen van rotan beneden en leer boven. Wat wiebelig, om zo te zien, maar op Semaine du Cuir was men laaiend entousiast.'[22] De *Twentsche Courant* schrijft: 'De schoen is simpel als wat: twee vormen, waarvan de bovenste de voet volmaakt volgt en de onderste een frame voor op de grond verbonden door pijlers als een brug.'[23] Andere media zijn kritischer. Zo kopt het *Leidsch Dagblad*: 'Schoen of martelwerktuig?'[24] Maar hoe het uiterlijk van de schoen ook geïnterpreteerd en beoordeeld wordt, over één ding zijn de kranten het eens: de introductie van de Bamboeschoen op de Semaine du Cuir was een groot succes. Kranten als het *Rotterdamsch Nieuwsblad* en het *Algemeen Dagblad* voorspellen Jansen dan ook internationale faam.[25]

21 Jansen weet niet meer zeker of hij de naam Bamboeschoen zelf heeft verzonnen of hem heeft overgenomen van de pers, al is deze laatste mogelijkheid volgens de ontwerper aannemelijker.

22 *Steenwijker Dagblad*, 20 november 1973.

23 *Twentsche Courant*, 7 december 1973.

24 *Leidsch Dagblad*, 2 januari 1974.

25 *Rotterdamsch Nieuwsblad*, 19 november 1973; *Algemeen Dagblad*, 19 november 1973; *Dordts Dagblad*, 19 november 1973; *Leidsch Dagblad*, 2 januari 1974.

It was becoming clear to him that he had to make this 'bamboo shoe'.[19]
Back in Amsterdam Jansen did his best to model a shoe with a
rattan sole. He had had not previously worked with rattan, which is hard
to bend, so he began by developing a model in which the rattan pillars
21 in the sole were held together by wrappings of leather strips. Jansen
himself describes his initial version of the shoe, created using hot water
and a flame, as 'a bit of a mess'. In the telephone directory he found Jan
Zuil, a professional rattan and chair weaver, in Jan van Galenstraat in
Amsterdam. Zuil, originally from Friesland, was willing to attempt a sole
for Jansen.[20] Zuil eventually wove six pairs of soles for Jansen, who
braided the leather upper elements himself. The six pairs of prototypes
had a sole with two 'pillars' on which the foot was supported. Between
the pillars were C forms with their curves back to back, creating a
22 rounded X form. Two of the six pairs had a sea-green upper, shaped like
24 a mule, without a band around the ankle; the other four pairs had ankle
bands. Two of these sandal-type versions were beige with bordeaux,
the other two red with purple. The uppers of all the initial Bamboo Shoes
were made of nubuck, which is leather whose top surface has been
lightly sanded. Jansen thinks that nubuck has a more sporty look than
suede and a more exclusive appearance than smooth leather. This fits
with the image of the Bamboo Shoe, which is bold rather than chic.

Jansen paid Zuil 100 guilders for each pair, which was a large sum
at the time. He also used Becht's money to invest in a striking stand
design, for the Semaine du Cuir was meant to be his international break-
through and he knew that he had to attract press attention. He asked his
close friend, graphic designer Swip Stolk, to produce the design. Stolk
responded with a stand that Jansen described as 'an Amsterdam prosti-
tute's room, containing sexily dressed shop mannequins with sensual
mouths sawn wide open and breasts that also been cut open and en-
23 larged. It may have looked vulgar, but it was definitely tongue-in-cheek.'

The rattan shoe was displayed in this 'whore's room'. The press
failed to recognize the material and described it as bamboo. From that

19 According to Toon Lauwen, Jansen got his inspiration for the Bamboo Shoe when he tripped over a pile of bamboo in Paris. 'It is probably no coincidence that he gave the shoe the same openness of construction as the Eiffel Tower.' Toon Lauwen, *Dutch Design van de 20ste eeuw* (Bussum, 2003), p. 18. However, Jansen recounts that he was first inspired by a beach chair in southern France and only then did he 'start seeing bamboo everywhere'.

20 Jan Zuil can be seen in the TROS documentary *De vormgevers: stoelen en wat erachter zit* of 1979, www.beeldengeluid.nl.

moment onwards Jansen also chose to call his design the Bamboo Shoe.[21] At the fair the designer not only attracted press attention, manufacturers also displayed an interest in his work. Charles Jourdan, owner of the French shoe factory that produced luxury footwear for Dior and Yves Saint Laurent, was impressed but told Jansen: 'This is not commercial. But if you can devise this, you can also devise simpler things. So come and work for me and make something simpler.' This was the beginning of Jansen's freelance work and for several years he spent three weeks every summer working for Jourdan.

The Edison Brothers, proprietors of a large chain of shoe stores in the USA, also showed a great deal of interest in Jansen's creation. The brothers did not regard his Bamboo Shoe as a functional object, but wanted to place it as a decoration in each of their shops. They were prepared to order a thousand pairs and willing to pay 100 dollars per pair. However, Jansen was dependent on rattan weaver Jan Zuil, whose one-man business would never have been able to meet this huge American order. So Jansen missed out on the 100,000 dollar commission.

After the Semaine du Cuir Jansen received a great deal of international media attention. News of the Bamboo Shoe even penetrated regional Dutch newspapers. The *Steenwijker Dagblad* reported: 'Towering, ultra summery platform shoes with rattan soles and leather uppers. Somewhat wobbly, judging by appearances, but its reception at the Semaine du Cuir was wildly enthusiastic.'[22] The *Twentsche Courant* wrote: 'The shoe is as simple as anything: two forms, with the upper following the foot perfectly and the lower a frame for on the ground, joined by pillars like a bridge.'[23] Other publications were more critical. The headline in the *Leidsch Dagblad* read: 'Shoe or instrument of torture?'[24] But however newspapers interpreted and judged the shoe's appearance, they all agreed on one thing, that the presentation of the Bamboo Shoe at the Semaine du Cuir had been a great success. Newspapers like the *Rotterdamsch Nieuwsblad* and the *Algemeen Dagblad* predicted that Jansen would win international renown.[25]

21 Jansen is no longer sure whether he came up with the name Bamboo Shoe himself or whether he adopted it from the press. He considers the latter possibility more likely.

22 *Steenwijker Dagblad*, 20 November 1973.

23 *Twentsche Courant*, 7 December 1973.

24 *Leidsch Dagblad*, 2 January 1974.

25 *Rotterdamsch Nieuwsblad*, 19 November 1973; *Algemeen Dagblad*, 19 November 1973; *Dordts Dagblad*, 19 November 1973; *Leidsch Dagblad*, 2 January 1974.

Deze voorspelling wordt ook gedaan in *The New York Daily News* in oktober 1973. De Amerikaanse krant roemt de artistieke talenten van Jansen en verwijst hierbij naar het Stedelijk Museum in Amsterdam, dat de avant-gardepumps van de Nederlandse ontwerper als ware kunst zou beschouwen. Jansen, die op dat moment Parijs al aan het veroveren is en betiteld wordt als 'de ster van de Semaine du Cuir', zou voor de volgende lente een *household name* zijn, aldus *The New York Daily News*.[26] Hierbij wordt expliciet verwezen naar de Bamboeschoen, door de krant omschreven als een zomersandaal gebouwd als victoriaans rotanmeubilair.

De toekomstige internationale bekendheid van Jan Jansen en zijn Bamboeschoen wordt in Nederlandse kranten vooral gelieerd aan de productiemogelijkheden in het buitenland die Jansen worden voorgespiegeld tijdens de Semaine du Cuir. Producenten uit Japan, Korea, Taiwan, Hongkong, Indonesië en Roemenië zeggen de schoen te kunnen produceren. Wel hebben ze daarvoor een prototype nodig als voorbeeld. Jansen geeft verschillende producenten een Bamboeschoen mee. Zo raakt de Nederlandse schoenontwerper bijna al zijn twaalf prototypes kwijt.

Van de meeste originele prototypes uit 1973 is het onbekend waar ze vandaag de dag zijn. Na afloop van de Semaine de Cuir waren er nog twee paar over. Deze twee paar waren in 1974 opgenomen in de tentoonstelling
28, 29 'De schoenen van Jan Jansen: 1964–1974' in het Centraal Museum Utrecht
en het Stedelijk Museum Amsterdam. Maar geen van beide musea heeft
30 originele prototypes in de collectie. Het Stedelijk heeft helemaal geen
Bamboeschoen; het Centraal Museum Utrecht heeft een paar dat het in 1975 aankocht voor 150 gulden.[27] De brochure en affiche van de tentoonstellingen in het Centraal Museum en Stedelijk Museum laten een getekende versie van de Bamboeschoen zien: een prototype uit 1973, gezien dit model maar twee pijlers in de zool kent.[28] Dit is een lichtblauwe muil; het andere model was een beige sandaal-variant. Lange tijd was onduidelijk waar deze twee modellen waren,[29] tot auteur en Jan Jansen ter voorbereiding van deze publicatie Jansens archief in Nieuw-Vennep bezochten. Daar kwam een kleine schat aan Bamboeschoenen tevoorschijn, waaronder het beige prototype. De allereerste lichtblauwe nubuck Bamboeschoen is helaas ergens in de afgelopen veertig jaar verdwenen.

26 *The New York Daily News*, oktober 1974.

27 Het betreft hier een variant uit de eerste productieronde in 1975. Conservator mode en kostuums Ninke Bloemberg in e-mail aan auteur, 6 juni 2012.

28 Brochure en affiche Centraal Museum Utrecht, 1974.

29 Volgens documentatie bij het Centraal Museum Utrecht zijn de twee schoenen geretourneerd aan Jansen na de tentoonstelling in het Stedelijk Museum.

Mode of kunst?

De esthetiek en functie van de Bamboeschoen bleken multi-interpretabel. Na de Semaine du Cuir werd de schoen door kranten onder meer gezien als een kunstobject met decoratieve functie, een 'martelwerktuig' en een bijna onmogelijk te produceren schoen. Langzamerhand begonnen vrouwenbladen en glossy magazines interesse ervoor te tonen als modeschoen. Journaliste Erna van den Berg verklaart: 'Die schoenen waren voor bepaalde modebewuste types, want lang niet iedereen kon er op voort.'[30] Jansen heeft de Bamboeschoen wel bedoeld als functioneel object, gezien zijn pogingen in 1974 om de schoen geproduceerd te krijgen. Ondertussen pikte vrouwenblad *Viva* het model op en plaatste het in zijn 'Top 10' van modeschoenen voor dat seizoen. De beschrijving erbij luidde echter: 'een kunstwerk van Jan Jansen is deze klompschoen met lichtblauwe suède bovenkant en een hoge rotan zool'.[31] Dit geeft opnieuw het dubbelzinnige imago van de schoen aan. Jansen zelf onttrekt zich aan deze classificaties. Hij ziet de Bamboeschoen liever als een origineel idee: geen kunstwerk of een modeobject, maar een bijzonder ontwerp.

Met zijn werk begaf ook sieradenontwerper Hans Appenzeller zich in die jaren als een van de eersten op het snijvlak van kunst en vormgeving. In 1969 startte hij Galerie Sieraad en in 1974 begon hij met de verkoop van zijn sieraadontwerpen in een eigen winkel. 'Ontwerp als term bestond toen nog niet; het grote schisma tussen kunst en toegepaste kunst speelde. Een woord als "kunstnijverheid" vond men vreselijk, ontwerpers van toen waren bang zich met deze term te vereenzelvigen.' Net als Jansen heeft ook Appenzeller liever dat men zijn ontwerpen als gebruiksvoorwerpen beschouwt. 'We maken echt toegepaste kunst die gedragen moet worden.'

Hans Kemmink plaatst de Bamboeschoen als modeobject binnen een modetrend begin jaren zeventig: 'Het materiaal werd opeens populair. Ik weet niet of het kwam door Jansens schoenen of niet, maar wij hadden ook een bamboe-etalage in 1974 of 1975. Er kwam toen ook een winkel in de Kalverstraat die van buiten helemaal met bamboe was bekleed. En dan was er rotanwinkel De Ridder in de Hartenstraat.' Rotan, bamboe en riet waren als materialen duidelijk 'in' begin jaren zeventig, maar zoals Kemmink aangeeft: 'Jansen heeft het materiaal echt populair gemaakt, hij was de eerste

30 Erna van den Berg in e-mail aan auteur, 5 februari 2013.

31 De Bamboeschoen, die op dat moment nog niet in productie was genomen en alleen op de Semaine du Cuir was getoond, zou volgens de *Viva* zo'n 150 gulden gaan kosten. Ruim een jaar later was de schoen in de winkel te koop voor 89 gulden. 'Top 10', *Viva*, 27 maart 1974.

A similar prediction was made in *The New York Daily News* in October 1973. The American paper praised Jansen's artistic talents and referred in this connection to the Stedelijk Museum in Amsterdam, which was reputed to regard the Dutch designer's avant-garde pumps as true art. *The New York Daily News* also claimed that Jansen, who had been dubbed 'the star of the Semaine du Cuir' and was already taking Paris by storm, would be a household name by the following spring.[26] The paper explicitly referred in this connection to the Bamboo Shoe, which it described as a summer sandal built like Victorian rattan furniture.

Dutch newspapers mainly linked Jan Jansen's future international renown, and that of his Bamboo Shoe, to the opportunities for foreign production presented to Jansen during the Semaine du Cuir. Producers from Japan, Korea, Taiwan, Hong Kong, Indonesia and Romania all claimed that they would be able to produce the shoe. They needed a prototype as an example, so Jansen gave various producers a Bamboo Shoe to take home with them. This is how the Dutch shoe designer lost nearly all of his 12 prototypes.

The present whereabouts of most of Jansen's original prototypes
from 1973 are unknown. At the end of the Semaine de Cuir he was left with
just two pairs. These were exhibited in 1974 in the exhibition 'De schoenen
28, 29 van Jan Jansen: 1964–1974' at the Centraal Museum in Utrecht and the
Stedelijk Museum in Amsterdam. But neither museum has the original
prototypes in its collection: the Stedelijk does not possess any example
of a Bamboo Shoe, while the Centraal Museum in Utrecht has a pair that
30 it purchased for 150 guilders in 1975.[27] The brochure and poster for the
exhibition held in the Centraal Museum and the Stedelijk Museum, displays a drawing of a Bamboo Shoe, a light-blue mule, which must be a 1973 prototype as this model only had two pillars in the sole.[28] The other prototype was a beige sandal-type model. For many years the location of these two prototype models was unclear,[29] until the author and Jan Jansen searched Jansen's archives and depot in Nieuw-Vennep, in preparation for this publication, and uncovered a small hoard of Bamboo Shoes, including the beige prototype. Regrettably, the very first light-blue nubuck Bamboo Shoe has gone missing over the past 40 years.

26 *The New York Daily News*, October 1974.

27 This is a version from the first production run of 1975. Curator of fashion and costume Ninke Bloemberg in an e-mail to the author, 6 June 2012.

28 Brochure and poster Centraal Museum, Utrecht, 1974.

29 According to documentation at the Centraal Museum Utrecht, the two shoes were returned to Jansen after the exhibition closed in the Stedelijk Museum.

Fashion or Art?

The Bamboo Shoe's aesthetic and function proved open to multiple interpretations. While newspapers after the Semaine du Cuir presented it as an art object with a decorative function, an 'instrument of torture' or a shoe that was virtually impossible to produce, women's magazines and glossies gradually began to show interest in it as a fashion accessory. Journalist Erna van den Berg explains: 'The shoes were for fashion-conscious types, for many women couldn't walk on them.'[30] Jansen definitely designed the Bamboo Shoe as a functional object, as his efforts to take it into production in 1974 attest. In the meantime the women's magazine *Viva* had picked up on the shoe and put the design in its 'Top 10' of fashion shoes for that season. However, the accompanying description, which reads 'this clog with light-blue suede upper and a high rattan sole is a work of art by Jan Jansen',[31] once again highlights the shoe's ambiguous image. Jansen himself shrugs off these classifications. He prefers to see the Bamboo Shoe as an original idea, an unusual design, rather than a work of art or a fashion object.

Jewellery maker Hans Appenzeller was also one of the designers working at the cutting edge of art and design in this period. He founded Galerie Sieraad in 1969 and began selling his jewellery designs in his own shop in 1974. 'Design didn't yet exist as a term; the great schism between art and applied art was still in force. Designers of the time abhorred terms such as "crafts" and were loath to identify themselves with it.' Appenzeller, like Jansen, prefers his designs to be regarded as utilitarian objects. 'We make genuine applied art which has to be worn.'

Hans Kemmink sets the Bamboo Shoe as a fashion object within the context of an early 1970s fashion trend. 'The material suddenly became popular. I don't know if this was caused by Jansen's shoes or not, but we also had a bamboo display in 1974 or 1975. A shop also opened in Kalverstraat whose exterior was entirely faced with bamboo. And there was De Ridder, the rattan shop in Hartenstraat.' Rattan, bamboo and cane were clearly 'in' as materials in the early 1970s. However, as Kemmink says: 'Jansen made the material really popular, he was the first to use it.

30 Erna van den Berg in an e-mail to the author, 5 February 2013.

31 According to *Viva*, the Bamboo Shoe, which had not yet gone into production and had only been displayed at the Semaine du Cuir, would cost some 150 guilders. Over a year later the shoe was on sale for 89 guilders. 'Top 10', *Viva*, 27 March 1974.

20 Op terugreis uit Zuid-Frankrijk: Olivier en Lok Jansen met de meegenomen bamboe, augustus 1973 / On the return journey from southern France: Olivier and Lok Jansen with the bamboo they collected, August 1973

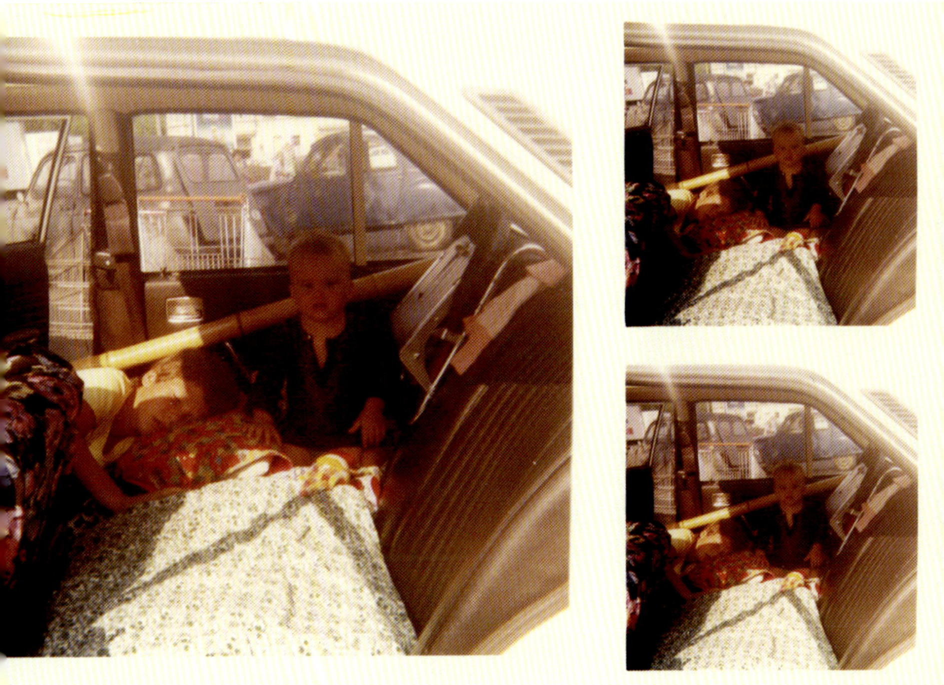

21 **Eerste prototype van de Bamboeschoen met een onderstel van rotan pijlers die door leren stroken bijeen worden gehouden, in plaats van het latere rotan / First prototype of the Bamboo Shoe with rattan column supports secured by strips of leather; in later versions leather was replaced with rattan, 1973**
foto / photo: Lex Reitsma

22 Ontwerp voor het eerste prototype van de Bamboeschoen / Design for the first prototype of the Bamboo Shoe, 1973

23 **Jan Jansen met een prototype van de Bamboeschoen en zijn stand op de Semaine du Cuir, Parijs, 1973. Standontwerp door Swip Stolk / Jan Jansen with a prototype of the Bamboo Shoe and his stand at the Semaine du Cuir, Paris, 1973. Stand design by Swip Stolk**
uit / from: *Jan Jansen,* 2007

24 **Eerste prototypes van de Bamboeschoen / First prototypes of the Bamboo Shoe**, 1973

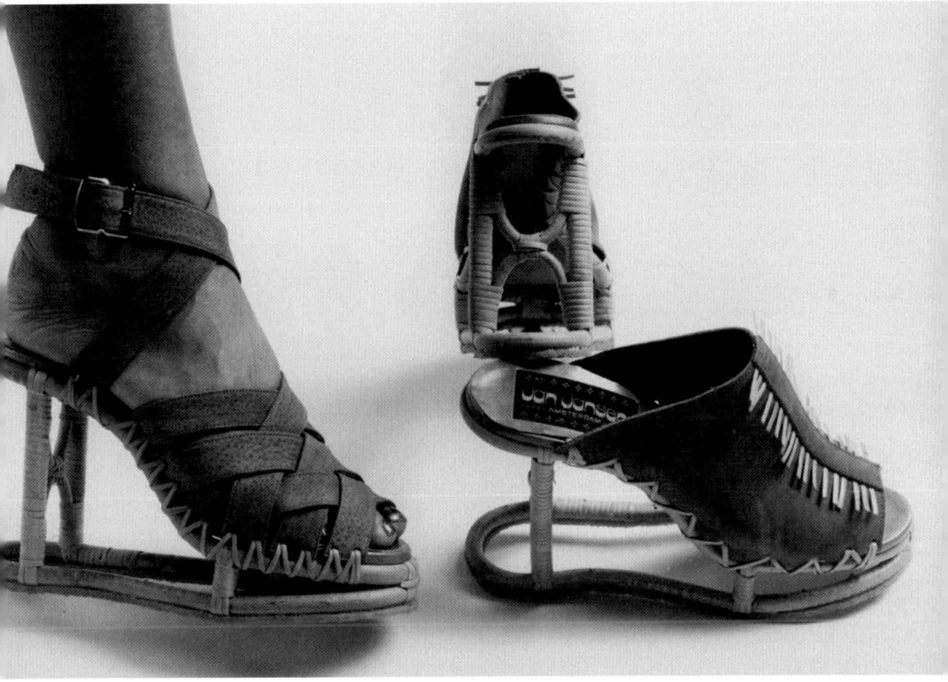

25 De pers naar aanleiding van de Semaine du Cuir / Press reactions to the Semaine du Cuir

'His Platform Shoes Give the Gals a Lift', *The New York Daily News*, oktober / October 1973

His platform shoes give the gals a lift

By MONIQUE

A pair of shoes can be a true art form according to officials at the Stedelijk Museum of Modern Art in Amsterdam who buy and show avante-garde pumps of Dutch designer Jan Jansen, currently taking Paris by storm.

Star of the recent French Leather Fair, Jansen is likely to become an international household word by next spring.

What will do it is his super summer sandal, quite simply built like Victorian colonial furniture out of varnished rattan cane. As light as a wicker footstool, each high-rise pump is shaped out of bent cane that forms a framed platform sole beautifully arched under the foot, and curving up to a pair of cane posts forming the 4½ inch heel.

What the 32-year-old Netherlands creator calls his "bridge shape" is repeated in folded crystal-clear lucite. Like the cane prototype, the principle is to form two lightweight trays, the top one sloped to cradle the foot, and the other flat as a sole on the ground, with as little as possible between them.

"Women still seek the instant lift offered by the high-placed shoe," says Jan. "What they don't want is the weight of heavy, clunky shoes."

His solution is the see-through bridge design that he carries into the dressiest evening sandals. They are hollow wedgies bound in snakeskin.

As for the sporty rattan series, limited so far to custom-made prototypes at $60 a pair, Jan expects that mass production with low-cost material will bring prices down to popular levels, "even without the copies that will come flooding in from tropical countries that export good rattan furniture right now!"

The most individual footstool in Paris by Jan Jansen.

‘Schoen of martelwerktuig’, *Leidsch Dagblad*, 2 januari / January 1974

‘Frisse wind onder voetzolen: Lichte rotanschoenen’, *Het Binnenhof*, 14 maart / March 1974

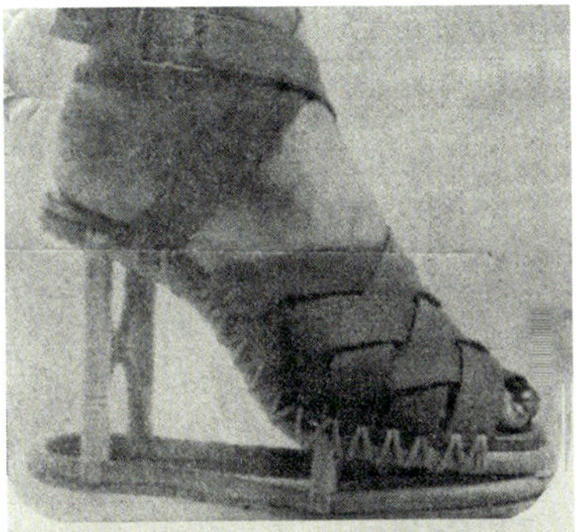

Schoen of martel-werktuig

Denk maar niet dat alleen de Italianen schoenen kunnen maken, de Amsterdamse ontwerper Jan Jansen kan er ook wat van. Met deze rotan sandalen voor zomer 1974 boekte hij op de Internationale Schoenenbeurs, die onlangs in Parijs werd gehouden, zo veel sukses dat hij opdracht kreeg om een serie voor de Franse schoenenkoning Charles Jourdan te ontwerpen. Bovendien reist hij binnenkort naar het Verre Oosten om met een stel schoenfabrikanten in Japan, Hongkong en Korea zaken te doen.

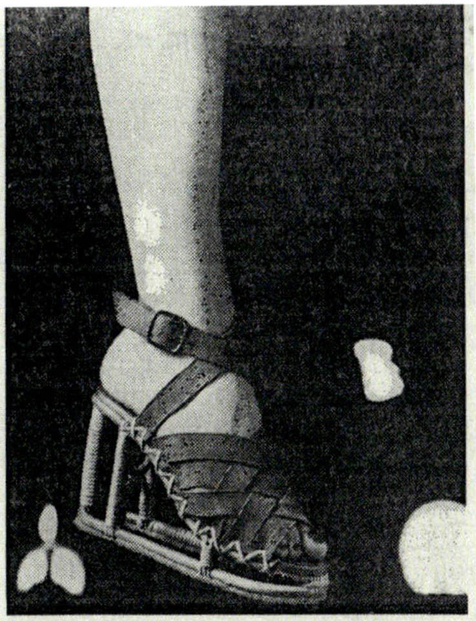

Frisse wind onder de voetzolen: lichte rotanschoen

AMSTERDAM — Veel modemakers blijken de laatste jaren grootmoeders kamferkist steeds vaker nodig te hebben om ideeën in de vorm van oude modellen op te diepen, af te stoffen en — voorzien van verse kant en ruche — als splinternieuwe moderage aan het kooplustig publiek aan te prijzen.

Maar steeds blijkt er op de regel weer een uitzondering te zijn en bij de schoenmode komt de frisse wind wederom uit de richting van Jan Jansen. Zijn speelse klompen zijn geen boerenbedrog, maar een doorslaand succes gebleken. Honderdduizend paar Jan Jansen-klompen zijn aan de vrouw gebracht — reden waarom hij gisteren in Amsterdam de Gouden Klomp kreeg uitgereikt — en gisteren wist hij weer een product van zijn ongebreidelde fantasie op het plankier van de Amsterdamse Bijenkorf te brengen: de rotanschoen, een wereldprimeur. Geen massieve plateauzolen, geen zwaar houten onderwerk, maar een sierlijk geraamte van rotan vormt de basis van dit schoeisel. Elf centimeter hoge rotanstaafjes brengen de hiel omhoog en een vlechtwerk van soepel roestbruin, zachtgroen of beige leer behoedt de voet voor wegglijden. Een bizar idee, dat Jan Jansen opdeed tijens zijn vakantie aan de Côte d'Azur, want zo zegt hij, "dergelijke dingen kun je alleen maar ontwerpen als je van de wereld af bent".

Al heeft het dan een jaar geduurd voordat de rotan-schoenen door de — uiteraard Italiaanse — schoenfabriek Raffallo Galgani in produktie kon worden genomen, vanaf woensdag 26 maart zijn ze bij de Bijenkorf tegen de prijs van 89 gulden te koop.

Van de Nederlandse klompenfabriek Arthé uit Beemster kreeg Jansen gisteren de Gouden Klomp. Wellicht wordt ook de rotanschoen een prijswinner.

LONNEKE VAN KOOT

26 'Fashion in Art', modeshow van Fong Leng in het Van Gogh Museum / Fong Leng fashion show in the Van Gogh Museum, 14 november / November 1974

27 Fong Leng 2, 1974
Suède, metallic zilver geitenleer / Suede, metallic-silver goatskin
foto/photo: Joost Guntenaar/Claude Vanheye

FONG LENG: 'IK MAAK MIJN EIGEN MODE'

Tekst: Heleen Schuttevaèr
Foto's: Anna Beeke

Theaterkleren, kermiskleren, circuskleren en verkleedkleren zijn de benamingen die de Nederlandse moderedaktrices de kreaties van de in Amsterdam opererende ontwerpster Fong Leng Tsang meegeven. Kortom, ze nemen haar niet helemaal serieus. Toch ontbreekt geen der dames als de Chinees-Hollandse Fong haar nieuwste gewaden toont. Ook wat doorgaat voor de vaderlandse jetset vecht om plaatsen voor deze gebeurtenissen, die als ware happenings bekend staan. Haar laatste show vond plaats in het hoofdstedelijke Van Goghmuseum en dat verbaasde niemand, want ieder is het erover eens: de kreaties van Fong Leng zijn kunstwerken...

★ „Er moet maar eens wat gebeuren in Amsterdam. De mensen kletsen veel maar doen weinig," dacht Fong Leng eind vorig jaar, en ze organiseerde een grootse modeshow in het Amsterdamse Van Goghmuseum. Nog nooit had zoveel fraai gekleed publiek in Nederland een show bijgewoond, maar alle glitterkleren, bontjassen en struisveren verbleekten bij wat Fong Leng, zelf stermannequin van de show, te bieden had. Ze past uitsluitend edele materialen en wapperende stoffen vol plissés, ruches, glitters, pailletten, veertjes en appliqués toe. Terecht zei iemand eens: „Je komt niet binnen in kleren van Fong Leng, je komt op."

Floorshow

De honderden bezoekers, bestaande uit de voltallige Nederlandse modepers, jetset en kunstakademieleerlingen, waren opgewonden en enthousiast. Want ze kregen niet alleen een

28 **Tentoonstelling / Exhibition 'De schoenen van Jan Jansen 1964–1974', Centraal Museum Utrecht, 1974**
foto / photo: A.F.S.J. Hulskamp

Schoenen van Jan Jansen 1964-1974

„Schoenen van Jan Jansen, 1964-1974" De veelzeggende of eigenlijk alleszeggende titel die men gaf aan een speciale expositie, die er in het Centraal Museum aan de Agnietenstraat in Utrecht werd ingericht van het ontwerpwerk van de in de schoenenbranche maar zeker ook in de grote modebewuste gebruikersgroep bekende Amsterdamse schoenontwerper Jan Jansen.

De idee om van het inderdaad opvallend werk van Jan Jansen een tentoonstelling in te richten, werd geboren tijdens een bezoek dat mevr. Hanneke Adriaanse — zij opende de expositie op 20 augustus j.l. — aan de schoenboetiek van Jan Jansen aan de Runstraat in Amsterdam bracht. Het feit, dat de ontwerper over een voortreffelijke documentatie in „schoen, woord en tekening" beschikte, maakte het extra aantrekkelijk een tentoonstelling in te richten. Het feit, dat de ontwerpwerkzaamheden zich over precies tien jaar uitstrekken, is eigenlijk alleen maar een leuke toevalligheid.

Jan Jansen staat borg voor haute chaussure, een kennis van techniek en mode die hij zich eigen maakte tijdens een stage, die hij bij Follie in Rome liep. Zijn in '64 in Amsterdam gemaakte creaties waren slechts voor een select publiek, maar in '65 werden er toch al modellen in produktie genomen in Nederland. In '66 al kocht het Stedelijk Museum in Amsterdam enkele schoenmodellen van Jansen aan.

Jansen haalde vaak de publiciteit met zijn visie op de schoenmode en de daaruit ontstane modellen. Vele malen werden die ontwerpen ook bekroond. Veel publiciteit kreeg onlangs nog z'n schoen met brugvormige rotan zoolconstructie.

Jan Jansen heeft zich in tien jaar een geheel eigen plaats veroverd in de Nederlandse en internationale modewereld. Z'n visie op het schoengebeuren is zonder twijfel erg progressief. Een bezoek aan de expositie in Utrecht zal dit alleen maar bewijzen. Veel van zijn aanvankelijk als extravagant beschreven modellen bleken in een later stadium een duidelijke modische en ook commerciële haalbaarheid te bezitten. We kunnen alleen maar aanbevelen de tentoonstelling te bezoeken. Deze zal tot 6 oktober a.s. te bezichtigen blijven.

30 **Brochure tentoonstelling / Exhibition brochure for 'De schoenen van Jan Jansen 1964–1974', Centraal Museum Utrecht, 1974**
ontwerp/design: Anthon Beeke, foto/photo: Anna Beeke

31 **Jan Jansen ontvangt het Gouden Klompje en lanceert de Bamboeschoen in de Bijenkorf in Amsterdam / Jan Jansen receiving the Gouden Klompje and launching the Bamboo Shoe in de Bijenkorf department store in Amsterdam, 13 maart / March 1975**

Jan Jansen met het Gouden Klompje / Jan Jansen with the Gouden Klompje

Jan Jansen met zijn moeder / Jan Jansen with his mother

Jan Jansen met de makers van de bamboeschoen: Aldo Binarelli, Raffaello Galgani en Cees Omens, de Nederlandse importeur van de fabriek van Galgani. / Jan Jansen with the makers of the shoe, Aldo Binarelli and Raffaello Galgani, and Cees Omens, the Galgani factory's Dutch importer.

32 'De jongsten van Jan Jansen: rotan schoenen', advertentie van de Bijenkorf / Advertisement for de Bijenkorf department store, *Het Parool*, 26 maart / March 1975

33 'Rotan shoes' advertentie van Valentino Shoes in Amsterdam / 'Rotan shoes' Advertisement by Valentino Shoes in Amsterdam, *Het Parool*, 27 maart / March 1976

34 **Rattan, ontwerp / design 1973, productie / production 1975**
Nubuck, rotan, crêpe / Nubuck, rattan, crêpe
productie / production: Raffaello Galgani
foto / photo: Joost Guntenaar / Claude Vanheye

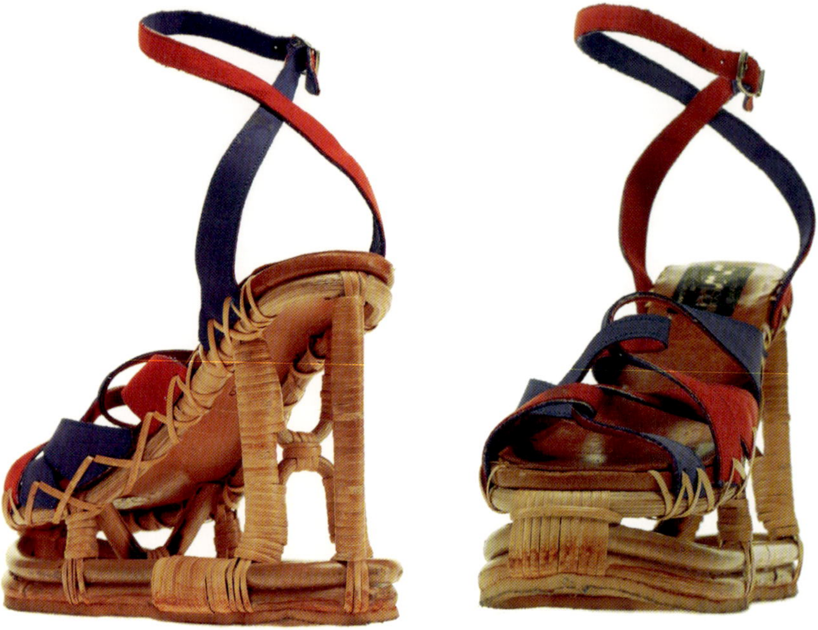

35 **Twee Bamboeschoenen / Two Bamboo Shoes, 1975**
collectie / collection Deutsches Ledermuseum / Schuhmuseum Offenbach

36 **Bamboeschoen / Bamboo Shoe, 1975**
Nubuck, rotan, crêpe / Nubuck, rattan, crêpe
productie / production: Raffaello Galgani
collectie / collection Centraal Museum, Utrecht

37 **Lichtblauwe muilvariant van de Bamboeschoen / Light-blue mule version of the Bamboo Shoe, c. 1975**
Nubuck, rotan, crêpe / Nubuck, rattan, crêpe
productie/production: Raffaello Galgani

38 **Bamboeschoen / Bamboo Shoe, 1975**
Nubuck, rotan, crêpe / Nubuck, rattan, crêpe
productie / production: Raffaello Galgani
(niet in productie genomen / not taken into production)

39 **Bamboeschoen / Bamboo Shoe, 1976**
Met inlegzool van de Wild Pair-winkel in Los Angeles / With sole inlay from the Wild Pair store in Los Angeles
Nubuck, rotan, crêpe / Nubuck, rattan, crêpe
productie/production: Raffaello Galgani
collectie/collection Shoes Or No Shoes (SONS), Kruishoutem

40 **Variant op de Bamboeschoen met dichte platformzool van bamboe / Variation on the Bamboo Shoe with closed bamboo platform sole, 1975**
Katoen, zijde borduurwerk, rubber zool / Cotton, silk embroidery, rubber sole
ontwerp/design: William 'Boy' Habraken
collectie/collection Shoes Or No Shoes (SONS), Kruishoutem

41 **Diverse berichten over de introductie van de Bamboeschoen / Various reports about the introduction of the Bamboo Shoe**

'Top 10', *Viva*, 27 maart / March 1974

Fotomodel Sonja Bakker met Bamboeschoenen / Photo model Sonja Bakker with Bamboo Shoes, *Libelle*, 19 juli /July 1975
foto/photo: Bart van Leeuwen

'Stappers van Jan', *Panorama*, 1 maart / March 1974

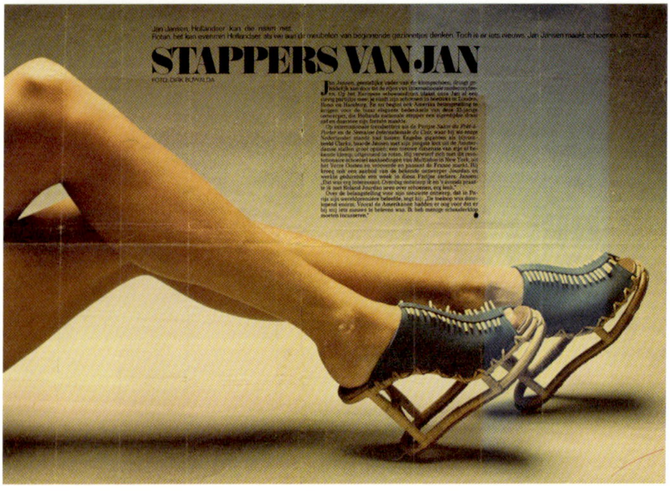

'Veel liefs van Rietje', *Viva*, 26 juli / July 1975

'Stepping out!', april / April 1976
foto/photo: Robyn Beeche

Top 14

Veel liefs van Rietje

Red, white and blue leather shoes, on woven wedges, by Ivory, £12.

White leather clogs, on woven wedges, by Russell & Bromley, £14·99.

The Red, White & Blue!
STEPPING OUT!
At ground level, red, white and blue are tops this spring.
Photos/Robyn Beeche

Navy leather shoes, with high heels, from Midas, £24·50.

Open bamboo wedges, with suede straps, by Chelsea Cobbler, £19·99.

42 **Build Me Up**, 1972
Nubuck, vijf multifunctionele met kalfsleer beklede houten zolen /
Nubuck, five multifunctional calfskin covered wooden bottoms
foto/photo: Joost Guntenaar/Claude Vanheye

43 **On Air, 1973**

Kalfsleer op open multiplex zool / Calfskin nailed on open plywood bottom

foto/photo: Joost Guntenaar/Claude Vanheye

44 **High Heeled Sneaker, 1977**

Stof, geitenleer, gegoten zool / Fabric, goatskin, molded bottom

foto/photo: Joost Guntenaar/Claude Vanheye

45 **Kissing the Pope's Toe**, 1990
Metallic zilver geitenleer, metallic gespoten zwevende sleehak / Metallic goatskin, metallic sprayed floating wedge
foto/photo: Joost Guntenaar/Claude Vanheye

46 **What Is This?**, 1991
Rood suède / Red suede
foto/photo: Joost Guntenaar/Claude Vanheye

die het gebruikte. Behalve het originele materiaalgebruik had de schoen ook zo'n mooie constructie, met die pilaren.'[32]

Sonja Bakker was in het midden van de jaren zeventig een veelgevraagd fotomodel. Tijdens een fotoshoot voor *Libelle* droeg ze de Bamboeschoenen als onderdeel van een outfit die *Libelle* als 'folklore'
41 bestempelde. Zij herinnert zich: 'Jansens schoenen waren echt couture, het waren geen normale schoenen! Die Bamboeschoenen waren, denk ik, voor die tijd ook vrij duur met 89 gulden.'[33]

Kostuumontwerper Jan Aarntzen omschrijft de Bamboeschoen als 'vrolijk, een beetje ontdeugend en het lot tartend. Het is typisch Hollands ontwerp: een nuchtere manier van denken, brutaal, humoristisch maar ook verantwoord en een modieus statement. De Bamboeschoen was typisch jaren zeventig met die sleehak en natuurlijke materialen.'[34] Jansens gebruik van 'eerlijke' materialen, zoals bij de houten Woody en de rotan Bamboeschoen, sloot aan bij de hang naar de natuur van de hippies, ironisch genoeg veelal stadse jongeren. 'Bamboe, rotan en riet zijn de woorden van de zomer van 1976', schrijft het vakblad *Schoenvisie* in 1976.[35]

De populariteit van deze materialen gold ook in interieurontwerp. De Bamboeschoen was niet alleen een onbewust gevolg van deze trend, maar was ook katalysator. De schoen heeft namelijk op zijn beurt gefungeerd als inspiratiebron voor een ander Nederlands ontwerpsucces: de rotanmeubelen van Jan des Bouvrie. De interieurontwerper vertelt dat het Frits Becht was die hem midden jaren zeventig tipte over de innovatieve schoen van rotan. Zo kwam Des Bouvrie in contact met meubelfabrikant Rohé in Noordwolde. Uiteindelijk werden zijn rotanmeubelen geproduceerd in de Filippijnen, omdat er in Nederland geen vaklui meer waren die met het rotan konden omgaan, een hindernis die ook Jansen zou ondervinden bij de productie van zijn schoenen. Zo werd Des Bouvrie de eerste Nederlandse ontwerper die liet produceren in het Verre Oosten, aldus de interieurontwerper zelf. Tot op de dag van vandaag wordt Jansen door Des Bouvrie geroemd als inspiratiebron voor zijn succesvolle rotanmeubelen. Volgens Des Bouvrie zorgde de Bamboeschoen voor een ommekeer in de Nederlandse designwereld: 'Door één schoen werd een materiaal dat al afgeschreven was weer op de kaart gezet.'[36]

32 Hans Kemmink in telefoongesprek met auteur, 11 februari 2013.

33 Sonja Bakker in gesprek met auteur, 12 februari 2013. De *Libelle* met daarin de fotoshoot door Bart van Leeuwen met Sonja Bakker als model is van 19 juli 1975.

34 Jan Aarntzen in telefoongesprek met auteur, 8 februari 2013.

35 Aldus Ietse Meij in op. cit. (noot 22), p. 46.

36 Jan des Bouvrie in telefoongesprek met auteur, 31 augustus 2012.

De Bamboeschoen is een typisch voorbeeld van Jansens werkwijze en
esthetiek: zijn focus op ambacht, materiaal en constructie is ook terug te
vinden in zijn andere ontwerpen. Er zijn in vijftig jaar ontwerpen vele
stijlen aan te wijzen, variërend van de robuuste Woody tot de sensuele
zwart-rode hooggehakte suède Linea Erotica uit de jaren negentig. Uit
deze lijn komt eveneens de rood-gouden Kissing the Pope's Toe uit 1990:
45 zijn eerste pump met zwevende hak. Zowel deze schoen als de Bamboe-
schoen laat het ingenieuze talent van Jansen zien, die de vrouw kan
laten balanceren op enkele 'bamboe'-pijlers of zelfs een ontbrekende hak.
46 Ook What Is This uit 1991 speelt met het silhouet van de vrouw: deze
suède pump met een ondefinieerbare roosachtige versiering op de
bovenkant heeft een subtiele slimme toevoeging in de onderzool. Door
het onzichtbaar aanbrengen van een extra stukje materiaal onder de bal
van de voet wordt het stuk tussen de bal en de hak verkleind, waardoor
de schoen optisch een hogere hak lijkt te hebben. De vrouw lijkt bijna op
haar tenen te lopen, terwijl de schoen toch comfortabel is.[37]

Jansen heeft vele schoenen gecreëerd die de draagster de sensueel
vrouwelijke houding geven waar de ontwerper – die zich ook goed bewust
is van het psychologische effect van hakken dragen op vrouwen – zo van
houdt. Het zijn vooral deze schoenen die door de media worden gewaar-
deerd. Zo staat een zilverkleurige korte laars met hoge naaldhak uit 1995
bekend als 'Avenue's Best Cover', nadat deze op het omslag van dit maga-
zine was verschenen. Een ander model van zwart lakleer met witte details,
een vetersluiting en rode glimmende veren is 'For Snoecks' genoemd,
naar de gelijknamige publicatie. Een ander geliefd hooggehakt model
van Jansen is de laars die hij in 1974 ontwerpt voor Fong Leng: een blauwe
26, 27 met zilver lederen details versierde laars.[38] Maar Jansen heeft ook
schoenen met een minder sierlijke hak ontworpen. Al in 1970 ontwierp hij
44 de High Heeled Sneaker: een rode gymp met een hoge witte plastic
sleehak. Ruim veertig jaar later is een soortgelijke schoen van de Franse
ontwerpster Isabel Marant – als sportschoen met ingebouwde onzicht-
bare sleehak – de trendschoen van 2012. Een andere uitvinding van Jansen
om vrouwen toch comfortabel de hoogte in te krijgen, is Build Me Up uit
42 1972: een muil met meerdere lagen plateauzolen in verschillende kleuren,

37 Alle schoenen zijn te zien op www.janjansen.com en in de catalogus van Christie's uit 2007. De informatie over de constructies van de schoenen komt uit gesprekken tussen Jansen en de auteur en is ook deels terug te vinden in Arts, op. cit. (noot 5).

38 Deze laars bracht bij de veiling van Christie's in 2007 het meest op: € 4.560.

Apart from its original use of material, the shoe also had such a lovely construction, with those pillars.'[32]

In the mid 1970s Dutch photo model Sonja Bakker wore the Bamboo Shoes during a photo shoot for the women's magazine *Libelle*, as part of
41 an outfit dubbed 'folklore' by the publication. She recalls: 'Jansen's Bamboo Shoes were genuine couture, they weren't normal shoes! They were also quite dear, for the time, at 89 guilders.'[33]

Costume designer Jan Aarntzen describes the Bamboo Shoe as 'cheerful, a little naughty and tempting fate. It was a typically Dutch design: a matter-of-fact way of thinking, cheeky and humorous yet sound and a fashion statement. The Bamboo Shoe was typically 1970s with its wedge heel and natural materials.'[34] Jansen's use of 'honest' materials, in the wooden Woody and the rattan Bamboo Shoe, connected with the hippies' desire for nature. Ironically, the hippies were mainly young city people. 'Bamboo, rattan and cane are the buzz words for the summer of 1976,' professional journal *Schoenvisie* wrote in 1976.[35]

These materials were also popular in interior design. The Bamboo Shoe was not only an unconscious consequence of this trend, but also a catalyst. For the shoe functioned in turn as a source of inspiration for another Dutch design success, Jan des Bouvrie's rattan furniture. The interior designer recalls that it was Frits Becht who tipped him off about the innovative rattan shoe in the mid 1970s. Des Bouvrie made contact with the Rohé furniture factory in Noordwolde, but eventually had his rattan furniture produced in the Philippines as there were no longer any craftsmen in the Netherlands who could work with rattan: an obstacle that Jansen also encountered in the production of his shoes. Des Bouvrie claims that he was the first Dutch designer to have his designs produced in the Far East. To this day the interior designer praises Jansen as the source of inspiration for his successful rattan furniture. According to Des Bouvrie the Bamboo Shoe was responsible for a sea change in the Dutch design world: 'Just one shoe brought a material that had been written off back into the picture.'[36]

32 Hans Kemmink in a telephone conversation with the author, 11 February 2013.

33 Sonja Bakker in conversation with the author, 12 February 2013. The edition of *Libelle* that features Sonja Bakker modelling in the Bart van Leeuwen photoshoot dates from 19 July 1975.

34 Jan Aarntzen in a telephone conversation with the author, 8 February 2013.

35 According to Ietse Meij in op. cit. (note 22), p. 46.

36 Jan des Bouvrie in a telephone conversation with the author, 31 August 2012.

The Bamboo Shoe is a typical example of Jansen's working methods and
aesthetic, for the focus on craft, material and construction also features
in his other designs. In Jansen's 50 years of designing, many styles can
be differentiated in his work, ranging from the robust Woody to the sen-
sual black and red, high-heeled Linea Erotica. The latter includes the red
45 and gold Kissing the Pope's Toe from 1990, Jansen's first pump with a
floating heel. Both this and the Bamboo Shoe display Jansen's ingenious
talent for enabling women to walk on several 'bamboo' pillars or even an
46 absent heel. What Is This of 1991 also plays with the female silhouette, for
this suede pump with an indefinable rose-like decoration on the upper
has a subtle addition in the undersole: an invisible extra piece of material
beneath the ball of the foot that reduces the distance between ball and
heel, thereby creating the optical impression that the shoe has a higher
heel. This makes women appear to be walking almost on their toes, while
the shoe is nevertheless comfortable.[37] Jansen has created many shoes
that give their wearers the sensual, feminine carriage so loved by the
designer, who is well aware of the psychological effect on women of
wearing high heels. These are the shoes on which the media chiefly fo-
cuses. A silver-coloured short boot with a high stiletto heel from 1995, for
example, is known as '*Avenue*'s Best Cover', after it featured on the mag-
azine's cover. Another model of black patent leather with white details,
lacing and red, glossy feathers has been dubbed 'For Snoecks', after the
publication of the same name. Another prized, high-heeled model by
Jansen is the blue boot with silver leather details that he designed in 1974
26, 27 for Fong Leng.[38] However, Jansen has also created shoes with less el-
44 egant heels. Back in 1970 he designed the High Heeled Sneaker, a red
sneaker with a high, white plastic wedge heel. More than 40 years later a
similar shoe by French designer Isabel Marant – a sports' shoe with a
built-in, invisible wedge heel – was the trend shoe for 2012. Another in-
vention by Jansen designed to give women greater height in a comfort-
42 able fashion is the Build Me Up of 1972, a mule with several layers of
platform soles in varying colours that wearers can add as they wish.[39]

37 All the shoes can be seen on www.janjansen.com and in the 2007 Christie's catalogue. The information on the shoes' constructions come from conversations between Jansen and the author, and can be found in part in Arts, op. cit. (note 5).

38 This boot raised the highest sum, € 4,560, at the 2007 Christie's auction.

39 The names of the shoes in this chapter are of a later date than the shoes themselves. In 2002 the exhibition maker and author Ietse Meij organized the exhibition 'Jan Jansen: Meester schoenontwerper' in the Gemeentemuseum in The Hague. She wanted names for the various designs that Jansen devised at her request.

waarbij de draagster naar wens lagen zool kan toevoegen of afhalen.[39]

Jansen heeft ook een groot repertoire platte schoenen en laaggehakte
12, 13 schoenen voor vrouwen, zoals de verschillende Soft Line-modellen.[40] Deze damespumps met lage blokhak uit 1964 waren de eerste schoenen van Jansen die in een museum werden tentoongesteld, namelijk in het Stedelijk Museum in Amsterdam. Het museum heeft enkele paren Soft Line-schoenen uit dat jaar in de collectie.[41] Het Gemeentemuseum Den Haag bezit ook een paar Soft Line-schoenen, uit 1966.[42] Dat dit ontwerp, met lage blokhak toch een comfortabel, functioneel object, door musea al onmiddellijk als kunstobject werd beschouwd, zegt iets over hun benadering van Jansens werk. Kennelijk waren ze niet alleen geïnteresseerd in de extravagante modellen, ook zijn meer draagbare, functionele schoenen werden door musea gewaardeerd.

Het is niet vreemd dat Jansens werk in het algemeen en de Bamboeschoen in het bijzonder dankzij innovatieve constructies en materiaalgebruik behalve als mode- en functioneel object ook gezien wordt als kunst. Er waren in de jaren zeventig ook samenwerkingen tussen de mode- en kunst-
26 wereld, zoals de modeshow 'Fashion in Art' van Fong Leng, die plaatsvond in het Van Gogh Museum op 14 november 1974. Voor deze show ontwierp Jansen een aantal schoenen.[43]

Al in 1974 – Jansen was op dat moment pas 33 jaar – toen de Bamboeschoen nog niet eens in productie was genomen, organiseerde het Centraal
28 Museum in Utrecht de tentoonstelling 'De schoenen van Jan Jansen: 1964–1974' (21 augustus – 6 oktober 1974). Het Stedelijk Museum in Amsterdam had al in 1966 en 1968 werk van Jansen tentoongesteld. Nadat bleek dat de

39 De namen van schoenen die in dit hoofdstuk worden genoemd, zijn van later datum dan de schoenen zelf. In 2002 jaar organiseerde tentoonstellingsmaker en auteur Ietse Meij in het Gemeentemuseum Den Haag de tentoonstelling 'Jan Jansen: Meester schoenontwerper'. Hiervoor wilde zij namen bij de verschillende ontwerpen, die Jansen op haar verzoek pas toen bij al zijn ontwerpen bedacht.

40 Jansen heeft ook een uitgebreide en gevarieerde collectie voor mannen, maar deze publicatie focust op de vrouwenschoen, aangezien de Bamboeschoen voor vrouwen is bestemd. Jansen ontwierp ook enkele jaren kinderschoenen, onder andere in opdracht van Oilily. Ook hieraan gaat de beschrijving van de esthetiek van Jansen in deze publicatie voorbij.

41 Het Stedelijk Museum Amsterdam bezit enkele paren Soft Line-schoenen uit 1964. Mail van waarnemend conservator toegepaste kunst en vormgeving Victoria Anastasyadis, 7 mei 2012.

42 Het Gemeentemuseum bezit één paar: de gele variant met elastische wreefband, www.gemeentemuseum.nl (geraadpleegd 4 september 2012).

43 Zo schrijven Tonko Dop en Lucas Bonekamp in *Jan Jansen*, 2007, p. 164. In deze show kwamen de Bamboeschoenen niet voor, wel de zilver-blauwe laarzen die Jansen ontwierp voor Fong Leng.

Utrechtse presentatie veel bezoekers trok, nam het Stedelijk de tentoonstelling over (11 oktober–10 november 1974).[44]

De Bamboeschoen was in de tentoonstelling vertegenwoordigd in de versie van een lichtblauwe nubuck muil en een sandaal met zes kruisende bandjes in beige nubuck.[45] De lichtblauwe variant staat op het tentoonstellingsaffiche en de begeleidende brochure. Jansen is hier afgebeeld met getekende versies van zijn elf bekendste ontwerpen. De lichtblauwe muil is een prototype uit 1973, aangezien dit model maar twee pijlers in de zool kent.[46]

Grafisch vormgever Anton Beeke maakte het ontwerp voor het affiche en de brochure en zijn echtgenote Anna maakte de foto van Jansen. Anthon Beeke had vijf jaar daarvoor het provocerende 'blote-meisjes-alfabet' *Body Type* gecreëerd. Net als Swip Stolk, verantwoordelijk voor Jansens stand op de Semaine du Cuir, en Jan Jansen zelf, werd Anthon Beeke in die tijd gezien als extravagante rebel. Vandaag de dag worden alle drie gerespecteerd als ontwerpers die op een unieke manier de zeitgeist verbeeldden.

Hoewel in beide musea dezelfde selectie van Jansens schoenmodellen werd getoond, was er wel een essentieel verschil in presentatie. In Utrecht stonden de schoenen in glazen vitrines opgesteld in het museumrestaurant. Huidig modeconservator Ninke Bloemberg geeft de volgende verklaring voor deze opvallende plek:

> In 1974 is door de toenmalige directrice bedacht om een koffiekamer voor het publiek te maken. Nu is het misschien een vanzelfsprekendheid, maar destijds was dit niet gebruikelijk in musea. Vanwege deze nieuwe mogelijkheid is de keuze gemaakt om de presentatie dáár te houden. De keuze om hedendaagse ontwerpers te verzamelen en te presenteren, was natuurlijk ook een relatief nieuw fenomeen. Anthon Beeke heeft de vormgeving van zowel de koffiekamer als de tentoonstelling van Jan Jansen op zich genomen, een en ander viel dus mooi samen.[47]

Een nieuwe locatie voor een innovatief schoenontwerper, ontworpen door een belangrijk grafisch ontwerper. En dat in een ruimte die toegankelijk was voor iedereen, een typerende denkwijze voor de vrije jaren zeventig. Opvallend is dat de vele media die aandacht besteedden aan de tentoonstelling in het Centraal Museum niet berichtten dat deze in

44 Brochures Centraal Museum Utrecht en Stedelijk Museums Amsterdam, 1974.
45 Twee enkele schoenen van de zes paar originele prototypes.
46 Zie noot 29.
47 Ninke Bloemberg in e-mail aan auteur, 10 september 2012.

Jansen has also produced a wide range of flat shoes and low-heeled
12, 13 shoes for women, which include his various Soft Line models.[40] These ladies' pumps with a low block heel from 1964 were the first shoes by Jansen to be exhibited in a museum, the Stedelijk Museum in Amsterdam. The museum's collection contains several pairs of Soft Line shoes from that year.[41] The Gemeentemuseum in The Hague also owns a pair of Soft Line shoes, from 1966.[42] The fact that museums immediately regarded this design – a comfortable, functional piece of footwear with a low block heel – as an art object speaks volumes about their attitude to Jansen's work. Evidently they were not only interested in his extravagant models, but also appreciated his more wearable, functional shoes.

It is not surprising, given their innovative structures and use of material, that Jansen's work in general and the Bamboo Shoe in particular were regarded as art in addition to being identified as fashion objects and functional pieces. During the 1970s there were other collaborations between the fashion and art world, such as Fong Leng's show 'Fashion
26 in Art', held in the Van Gogh Museum on 14 November 1974. Jansen designed a number of shoes for this show.[43]

As early as 1974, when Jansen was just 33 and the Bamboo Shoe had yet to go into production, the Centraal Museum in Utrecht organized
28 the exhibition 'De schoenen van Jan Jansen: 1964-1974' (21 August–6 October 1974). The Stedelijk Museum in Amsterdam had already displayed work by Jansen in 1966 and 1968. Once it became evident that the Utrecht presentation was drawing many visitors, the show transferred to the Stedelijk (11 October–10 November 1974).[44]

The Bamboo Shoe was represented at the exhibition by the light-blue nubuck mule version and a sandal with six cross-bands in beige

40 Although Jansen has designed an extensive and varied collection of footwear for men, this publication focuses exclusively on his women's shoes, as the Bamboo Shoe was intended for women. For a number of years Jansen also designed children's shoes, some of which were commissioned by clients such as Oilily. However, these are not included in the present description of Jansen's aesthetic.

41 The Stedelijk Museum in Amsterdam owns several pairs of Soft Line shoes from 1964. E-mail from the deputy curator of applied art and design Victoria Anastasyadis, 7 May 2012.

42 The Gemeentemuseum owns just one pair, the yellow version with elasticized band, www.gemeentemuseum.nl (consulted 4 September 2012).

43 According to Tonko Dop and Lucas Bonekamp in *Jan Jansen*, 2007, p. 164. The Bamboo Shoe did not feature in this show, although the silver and blue boots that Jansen designed for Fong Leng did.

44 Brochures of the Centraal Museum in Utrecht and the Stedelijk Museum in Amsterdam, 1974.

nubuck.[45] The light-blue model features on the exhibition poster and in the accompanying brochure, which includes a photo of Jansen and drawings of his 11 best-known designs. The light-blue mule is a prototype from 1973, as it only has two pillars in the sole.[46]

Graphic designer Anton Beeke produced the design for the poster and brochure, while his wife Anna took the photo of Jansen. Five years previously Anthon Beeke had created the *Body Type* 'naked girls' alphabet'. Like Swip Stolk, who was responsible for Jansen's stand at the Semaine du Cuir, and Jan Jansen himself, Anthon Beeke was regarded as an extravagant rebel in this period. Nowadays all three are respected as designers who expressed the *zeitgeist* of the 1970s in their own unique manner.

Although both museums displayed the same selection of Jansen's footwear, there was an essential difference in their presentation. In Utrecht the shoes were displayed in glass cases in the museum's restaurant. Ninke Bloemberg, the current curator of fashion at the museum, has provided the following explanation for this curious location:

> In 1974 the then director decided to create a coffee area for the public. This might be a usual feature in museums nowadays, but it was not at the time. The opening of this new facility governed the choice to hold the presentation there. Of course, the decision to collect and present the work of contemporary designers was also a relatively new phenomenon. Anthon Beeke was responsible for the design of both the coffee area and Jan Jansen's exhibition, so everything harmonized.[47]

This new showcase for an innovative shoe designer, designed by an important graphic designer, in a space open to everyone, exemplifies a way of thinking typical of the open-minded 1970s. Curiously, the many media representatives who devoted attention to the exhibition in the Centraal Museum did not report that this was held in the restaurant.[48] Reviews mainly discussed the success already enjoyed by the young Dutch designer and explicitly cited the Bamboo Shoe as the model that had made Jansen famous.[49] Curator Hanneke Adriaans of the Centraal

45 Two single shoes from the six pairs of original prototypes.

46 See note 29.

47 Ninke Bloemberg in an e-mail to the author, 10 September 2012.

48 According to *De Volkskrant* the exhibition was held in the museum's 'costume department', *De Volkskrant*, 23 August 1974.

49 Including the *Noordhollands Dagblad* of 27 August 1974 and the *Brabants Dagblad* of 23 August 1974.

het restaurant plaatsvond.[48] De recensies gaan vooral over het succes dat de jonge Nederlandse ontwerper op dat moment al geniet. De Bamboeschoen wordt hierbij expliciet genoemd als het model dat Jansen beroemd maakte.[49] In *De Telegraaf* werd conservator Hanneke Adriaans van het Centraal Museum geïnterviewd.[50] Adriaans benadrukte de historische waarde van Jansens werk, dat een goede afspiegeling zou zijn van de zeitgeist. Het is bijzonder dat de museumconservator toentertijd al het belang van Jansens werk inzag, terwijl zijn carrière op dat moment eigenlijk pas echt in een stroomversnelling kwam.

Ten tijde van de tentoonstelling in Utrecht en Amsterdam was de Bamboeschoen nog niet in productie genomen. Nadat Jansen enkele prototypes had weggegeven aan buitenlandse producenten tijdens de Semaine du Cuir, wachtte de Nederlandse ontwerper namelijk eerst geduldig op productievoorstellen van de fabrieken. In het voorjaar van 1974 besefte Jansen dat hij zijn uitgeleende prototypes nooit zou terugzien. Hij richtte zijn hoop op een kleine rotanfabriek in Noordwolde, Friesland, die hem was aanbevolen door Jan des Bouvrie. Tot de zomer van 1974 onderhandelde Jansen nog met de fabriek om met de productieprijs van de schoen onder de honderd gulden te blijven, om zijn modellen betaalbaar te houden. Uiteindelijk ging de deal niet door.[51]

Een jaar later, in de zomer van 1975, had Jansen een freelance opdracht bij de fabriek van Raffaello Galgani in Certaldo, Italië. Een van de werknemers was Aldo Binarelli: een technisch modelleur met, toevallig, een rotanvlechtend familielid. Het lukte hem om Jansens Bamboeschoen te produceren. Het geproduceerde model is gelijk aan het prototype uit 1973, met als enige verschil een toegevoegde pijler in de zool voor extra stevigheid. Dit nieuwe prototype liet Jansen zien aan de Bijenkorf in Amsterdam. Het warenhuis was enthousiast en bestelde zo'n zeventig paar. Ook boetiekjes wilden ze verkopen, dus bestelde Jansen in totaal zo'n 200 paar bij Galgani. Deze eerste oplage uit 1975 werd met eenzelfde aantal herhaald
33 in 1976. De Bamboeschoen werd in deze jaren voor 89 gulden verkocht.[52]
De Bamboeschoen werd, twee jaar na de Semaine du Cuir, op 13 maart 1975 officieel gelanceerd in de Bijenkorf op het moment dat Jansen daar

48 Volgens *de Volkskrant* was de tentoonstelling in de 'kostuumafdeling' van het museum, de Volkskrant, 23 augustus 1974.

49 Waaronder het *Noordhollands Dagblad* van 27 augustus 1974 en het *Brabants Dagblad* van 23 augustus 1974.

50 *De Telegraaf*, 15 augustus 1974.

51 *Het Vrije Volk*, 17 augustus 1974 en *Algemeen Dagblad*, 4 mei 1974.

52 *Viva*, 21 juni 1975 en 26 juli 1975.

ook een 'gouden klompje' ontving van schoenfabriek Arthé, ter viering van
31 het 100.000ste verkochte exemplaar van de Woody. De Bamboeschoen zou echter het verkoopsucces van de Woody nooit overtreffen en het zou jaren duren voordat de kleine oplages überhaupt verkocht zouden worden. Een advertentie van de Bijenkorf introduceerde de Bamboeschoen groots: 'Nederlands meest originele schoenenontwerper tekent voor een volstrekt unieke schoen: van rotan. Slank rotan aan de voet draagt samen met mooi matkleurig gevlochten suède voor het bovenwerk. Een werkelijk schitte-
32 rende schoen waar u heel elegant en gemakkelijk op wegstapt.'[53]

Opnieuw werd de schoen enthousiast onthaald door kranten en
41 tijdschriften. De modereportages van vrouwenbladen *Viva* en *Margriet* verwijzen naar de Bamboeschoen als 'de beroemde Jan Jansen schoenen van rotan'.[54] De schoen wordt omschreven als een product van Jansens ongebreidelde fantasie, met een sierlijk geraamte van rotan: 'Elf centimeter hoge rotanstaafjes brengen de hiel omhoog en een vlechtwerk van soepel roestbruin, zachtgroen of beige leer behoedt de schoen van wegglijden.'[55] *Het Vrije Volk* schrijft: 'In 1973 dé sensatie van de grootste schoenenbeurs ter wereld in Parijs, nu voor het eerst te koop: de rotanschoen van Nederlands enige internationaal bekende schoenontwerper Jan Jansen.'[56] Een andere krant refereert aan de tijd die het kostte de Bamboeschoen te laten produceren na de succesvolle introductie in Parijs:

> De rotanschoen van Jan Jansen (...) heeft in de herfst van 1973 tot dé sensaties van de Parijse leerbeurs gehoord. Toch heeft het nog een jaar geduurd – zo gaat dat met ontwerpen die avantgardistisch zijn – voor de Italiaanse schoen-fabrikant Raffaello Galgani hem in productie is gaan nemen.[57]

Met rotanvlechter Jan Zuil, die de eerste zes paren van de Bamboeschoen produceerde, had Jan Jansen geen contact meer. Wanneer klanten naar de winkel van Jansen in de Runstraat kwamen met een kapotte Bamboeschoen – wat sporadisch gebeurde – bracht Jansen ze naar rietwinkel De Ridder in de Hartenstraat. De Bamboeschoen die in 1975 en 1976 geproduceerd werd, is de boeken ingegaan als de 'originele' Bamboeschoen. Het uiterlijke verschil met het prototype, dat wellicht beter het origineel kan worden genoemd, is een extra pijler in de zool die het gewicht van de voet moet dragen. Daarnaast heeft de in productie genomen schoen in

53 Advertentie de Bijenkorf, 1975.
54 *Viva*, 21 juni 1975 en *Margriet*, 24 juni 1975.
55 *Het Binnenhof*, 14 maart 1974.
56 *Het Vrije Volk*, 14 maart 1975.
57 *Nieuw Utrechts Dagblad*, 21 maart 1975.

Museum was interviewed in *De Telegraaf*.[50] Adriaans emphasized the historical value of Jansen's work, which she declared was a fine reflection of the *zeitgeist*. It is remarkable that this curator already recognized the importance of Jansen's work at a time when his career was only just beginning to take off.

The Bamboo Shoe had not yet gone into production at the time of the exhibitions in Utrecht and Amsterdam. Jansen had loaned a number of prototypes to foreign manufacturers during the Semaine du Cuir and was patiently waiting for production proposals. In the spring of 1974 the Dutch designer realized that he would never see his prototypes again. He now pinned his hopes on a small rattan factory in Noordwolde, Friesland, which had been recommended to him by Jan des Bouvrie. Until the summer of 1974, Jansen continued negotiating with the factory in an effort to peg the production price for the shoe below 100 guilders, thereby keeping it affordable. Eventually, however, the deal fell through.[51]

A year later, in the summer of 1975, Jansen was working on a freelance commission for the Raffaello Galgani factory in Certaldo, Italy. One of the factory's employees was Aldo Binarelli, a technical modeller who happened to be related to a rattan weaver. Binarelli managed to construct a production model of Jansen's Bamboo Shoe that was virtually identical to the 1973 prototype, the only difference being an additional pillar in the sole for extra strength. Jansen showed this new version of the shoe to the Bijenkorf department store in Amsterdam. The store was enthusiastic and ordered around 70 pairs. Since Jansen intended to sell the shoes in his own shop and a number of boutiques were also interested, he ordered a total of some 200 pairs from Galgani. This initial production run from 1975 was repeated with the same numbers in 1976. During this period the
33 Bamboo Shoe was sold for 89 guilders.[52]

On 13 March 1975, two years after the Semaine du Cuir, the Bamboo Shoe was officially launched in the Bijenkorf, in a ceremony at which Jansen was also presented with a 'gold cloggie' by the Arthé shoe factory
31 to celebrate the sale of 100,000 'Woodys'. The Bamboo Shoe would never surpass the Woody's retail success and it would take years for its relatively small numbers to sell. A Bijenkorf advertisement gave the

50 *De Telegraaf*, 15 August 1974.

51 *Het Vrije Volk*, 17 August 1974 and *Algemeen Dagblad*, 4 May 1974.

52 *Viva*, 21 June 1975 and 26 July 1975.

Bamboo Shoe a grand introduction: 'The Netherlands' most original shoe
designer has put his name to an entirely unique shoe, made of rattan. Slim
rattan on the foot worn in combination with lovely, matt plaited suede for
32 the upper. A truly splendid shoe on which you will elegantly trip away.'[53]

Once again the shoe was enthusiastically received in newspapers
and magazines. The fashion reports in the women's magazines *Viva* and
41 *Margriet* referred to the Bamboo Shoe as 'the famous Jan Jansen rattan
shoes'.[54] The shoe was also described as a product of Jansen's unbridled fantasy, with a graceful rattan frame: 'Rattan batons 11 centimetres high raise the heel and plaiting of supple, rust-brown, pastel-green or beige leather prevents the shoe from slipping.'[55] *Het Vrije Volk* wrote: 'In 1973 the sensation in Paris at the largest shoe fair in the world, now on sale for the first time: the rattan shoe by the Netherlands' only internationally known shoe designer Jan Jansen.'[56] Another newspaper mentioned the time it had taken to bring the Bamboo Shoe into production after its successful introduction in Paris:

> The rattan shoe by Jan Jansen . . . was one of the sensations at the Paris leather fair in the autumn of 1973. Yet it has taken a further year – such is the way with avant-garde designs – for the Italian shoe manufacturer Raffaello Galgani to bring it into production.[57]

Jan Jansen was no longer in contact with Jan Zuil, the rattan weaver who had made the first six pairs of the Bamboo Shoe. When customers came to Jansen's shop in Runstraat to complain about Bamboo Shoes that had broken – as they occasionally did – Jansen took these to De Ridder, the rattan shop in Hartenstraat. Although the Bamboo Shoe produced in 1975 and 1976 has gone into the records as the 'original' Bamboo Shoe, it differs in appearance from the prototype, which is perhaps better described as the original, in its extra pillar for additional foot support. Moreover, the shoes produced in 1976 have an extra 'layer' of rattan in their soles, to enhance strength and stability. The underside of the sole was of crêpe, while the inside was covered with leather. There are various
versions of the shoe's uppers, comprising leather or suede mules and
34–38 sandals in green with blue, beige with bordeaux, and red with purple.

53 De Bijenkorf advertisement, 1975.
54 *Viva*, 21 June 1975 and *Margriet*, 24 June 1975.
55 *Het Binnenhof*, 14 March 1974.
56 *Het Vrije Volk*, 14 March 1975.
57 *Nieuw Utrechts Dagblad*, 21 March 1975.

de productieronde van 1976 een extra 'laag' rotan in de zool, om de stevig-
heid en stabiliteit te bevorderen. De onderkant van de zool was van crêpe,
terwijl de binnenkant met leer was bedekt. Er bestaan meerdere varianten
van de bovenkant van deze schoen: muiltjes en sandalen van leer of suède
34–38 in groen met blauw, beige met bordeaux, en rood met paars.

Behalve in Nederlandse winkels en warenhuizen was de Bamboe-
schoen ook in het buitenland verkrijgbaar. Zo werd de schoen in Engeland
exclusief verkocht door The Chelsea Cobbler in Londen en in de Verenigde
Staten in schoenenwinkel The Wild Pair. Deze laatste winkel legde een zool-
tje met de eigen naam in de Bamboeschoen, waardoor het een eigen creatie
leek. Zodoende oogstte Jansen in Amerika geen erkenning voor zijn werk.
Dit 'Wild Pair'-model staat opgesteld in schoenenmuseum Shoes Or No
Shoes? (SONS) in Kruishoutem, België, dat het ondanks het Amerikaanse
39 zooltje overigens wel toeschrijft aan Jan Jansen. Verzamelaar en conser-
vator William 'Boy' Habraken blijkt bijzonder onder de indruk te zijn
geweest van Jansens creatie. In 1975 produceerde Habraken namelijk zelf
een schoen van bamboe naar eigen ontwerp. Het verschil is dat Habrakens
40 ontwerp echt van bamboe is, terwijl Jansen rotan gebruikte.[58] Habrakens
variant heeft een dichte platformsleehak in tegenstelling tot Jansens open-
gewerkte zool. Daarnaast is er een opvallend verschil in commercieel
succes: waar Jansen slechts enkele honderden paren van zijn schoen ver-
kocht, zijn er van Habrakens variant wel 300.000 over de toonbank gegaan.

De remake

Nadat in 1976 de tweede en tevens laatste oplage van de Bamboeschoen
door Raffaello Galgani is geproduceerd, blijft het enkele decennia stil
rondom de schoen.[59] Hier komt verandering in wanneer de tentoonstelling
'Jan Jansen: Meester schoenontwerper' in 2002 plaatsvindt in het
Gemeente-museum Den Haag. Later dat jaar is deze tentoonstelling te zien
in het Deutsches Ledermuseum/Schuhmuseum Offenbach, en in 2003
47 reist de selectie door naar Japan. De vele positieve reacties die hij tijdens
deze tentoonstelling krijgt, zijn voor Jansen aanleiding om de schoen nog-
maals in productie te nemen. Hierbij wordt hij aangemoedigd door zijn zoon
Lok en diens vrouw Naoko: zij zijn het die hem stimuleren juist de
Bamboeschoen opnieuw te laten produceren.

58 www.shoesornoshoes.com (geraadpleegd 2 september 2012).

59 Deze publicatie gaat dan ook voorbij aan de jaren tachtig en negentig; de Bamboeschoen werd toen niet geproduceerd of verkocht.

Jansen gaat opnieuw naar modelleur Aldo Binarelli – de fabriek van
1, 2 Galgani bestaat dan al niet meer – en samen verbeteren ze de Bamboe-
schoen. De remake kreeg enkele aanpassingen: zo had het origineel een
48–50 onderzool van crêpe, bij de remake is dit materiaal vervangen door rubber.
Daarnaast had de jarenzeventigversie van de schoen een lederen binnen-
zool, maar naarmate er meer op gelopen werd, boog de neus naar beneden,
terwijl deze juist omhoog zou moeten krullen. Daarom werd de lederen
51 binnenzool in de productie in 2004 vervangen door het hardere triplex.[60]
Technisch is de remake volgens Jansen veel beter; ook zou deze schoen
comfortabeler zijn. In 2005 wordt de remake van de Bamboeschoen
gelanceerd. De versie met opengewerkte plateauzool en pijlers kost € 599.
De versie met één dikke rotanhak wordt verkocht voor € 499. Aanzienlijk
duurder dan de 89 gulden die de Bamboeschoen in de jaren zeventig
kostte.

De remake kent in eerste instantie twee varianten: een blauw-mint en
rood-paarse uitvoering, beide sandaalachtige schoenen met kruisende
banden en enkelbandje. Daarnaast ontwikkelt Jansen ook nieuwe varian-
ten, zoals een exemplaar met een enkele dikke pijler in plaats van drie
52, 54 smalle pijlers in de opengewerkte zool. Ook zoon Lok Jansen, illustrator
woonachtig in Japan en verantwoordelijk voor de inrichting van enkele van
Jansens winkels, ontwerpt een variant op de beroemde Bamboeschoen.
Deze heeft een paraboolvormige pijler in de zool, uitgevoerd in harig oud-
roze leer met een gevlekt bloemachtig patroon. Loks versie past goed
binnen zijn vaders ontwerptechniek, die duidelijke overeenkomsten ver-
toont met de manier waarop architecten en meubelmakers constructies
creëren. Omgekeerd had Jansen zelf aspiraties om meubels te ontwerpen.
Al in 1973 stuurde hij een ontwerp voor een chaise longue gebaseerd op
zijn Bamboeschoen naar de Nederlandse meubelfabrikant Gelderland in
Culemborg. Hier werd niks mee gedaan, totdat Ida Brouwers, dochter van
de oud-directeur van Gelderland, deze tekeningen terugvond. In 2007
werden er een prototype en enkele monsters gemaakt van Jansens chaise
longue High Tea: een zwartleren bovenkant op een brugachtig gebogen
56 onderstel van bamboe, direct afgeleid van de schoen.[61] Daarnaast werden
er nog meer meubelontwerpen als prototypes ontwikkeld, zoals de bam-
64 boe stoeltjes Raw Hide en de tangotafel Oleguapa.

60 Een lokale omroep in het Italiaanse Florence maakte opnames van het ontwikkelen en produceren van de remake van de Bamboeschoen door Jan Jansen en Aldo Binarelli in maart 2004. Deze beelden zijn te bekijken via YouTube onder de noemer 'Productie Jan Jansen Bamboe, Rotan Schoenen' (geraadpleegd september 2012).

61 Jansen in gesprek met auteur, 13 februari 2013. Zie ook *Residence*, april 2009, p. 22. De chaise longue is nooit in productie genomen.

The Bamboo Shoe was available abroad, as well as in Dutch shops and department stores. In England it was sold exclusively by The Chelsea Cobbler in London and in the USA in The Wild Pair shoe store in Los Angeles. The latter inserted an insole with its own name which created the impression that the store had made the Bamboo Shoe. As a result Jansen gained no acknowledgment for his work in America. There is an example of a 'Wild Pair' model on display at the Shoes Or No Shoes? (SONS) shoe museum in Kruishoutem, Belgium, which the curator has rightly attributed
39 to Jansen despite the American insole. Collector and curator William 'Boy' Habraken has proved to be a particular devotee of Jansen's creation. In 1975 he produced a bamboo shoe of his own design, which differs from Jansen's in being made of true bamboo, instead of the rattan used
40 by Jansen;[58] Habraken's version also has a solid platform wedge heel, in contrast with Jansen's openwork sole. Commercial success further differentiates the two, for Habraken sold over 300,000 pairs of his shoes, while Jansen only sold several hundred pairs.

The Remake

Once Raffaello Galgani had completed the second and also final production run of the Bamboo Shoe in 1976, things went quiet for a couple of decades.[59] This changed when the exhibition 'Jan Jansen: Meester schoenontwerper' was held in the Gemeentemuseum in The Hague in 2002. Later that year the exhibition could be seen in the Deutsches Ledermuseum/Schuhmuseum in Offenbach as well; in 2003 this selection
47 of Jansen's work also travelled to Japan. The many positive reactions Jansen received during this exhibition induced him to take the shoe back into production. He was encouraged in this by his son Lok and Lok's wife Naoko, who particularly stimulated him to resume production of the Bamboo Shoe.

Jansen went back to modeller Aldo Binarelli – the Galgani factory no longer existed – and together they improved the Bamboo Shoe. They
1, 2 made several adjustments to the remake, such as replacing the original
48–50 crepe undersole with rubber. In the 2004 production run they also

58 www.shoesornoshoes.com (consulted 2 September 2012).

59 This publication skips the 1980s and 1990s as the Bamboo Shoe was neither produced or sold in these decades.

substituted harder triplex for the 1970s' leather inner sole, which had not
prevented the nose of the shoe from curling down, rather than remaining
51 up, the more it was worn.[60] According to Jansen the remake was techni-
cally much better than the 1970s shoes, and also more comfortable. The
remake of the Bamboo Shoe was launched in 2005. The version with an
openwork platform sole and pillars cost € 599, while the model with thick
rattan heel was sold for € 499. Considerably more expensive that the
89 guilders that the Bamboo Shoe had cost in the 1970s.

Initially there were two versions of the remake. These were both
sandal-type shoes with cross-bands and an ankle band, in blue-mint and
red-purple. Jansen developed several new types as well, including a
version with just one thick pillar in the openwork sole. Jansen's son Lok
Jansen, an illustrator living in Japan who had fitted out several of
Jansen's shops, also designed a variation on the famous Bamboo Shoe,
which incorporated a parabola-shaped pillar in the sole and hairy old-
52, 54 rose leather uppers with a blotched, flowerlike pattern. Lok's version
reflects his father's design technique, which displays clear correspond-
ences with how architects and furniture makers create constructions.
Jansen himself has also aspired to make furniture. Back in 1973 he sent a
design for a chaise longue based on his Bamboo Shoe to the Gelderland
furniture factory in Culemborg. Nothing came of this until his drawings
were found by Ida Brouwers, daughter of Gelderland's former director. In
2007 the factory produced several samples and a prototype of Jansen's
chaise longue, High Tea, which consists of a black leather upper element
on a curving, bridge-like lower element of bamboo, derived directly
56 from the shoe.[61] A number of Jansen's other furniture designs, such as
64 his Raw Hide bamboo chairs and Oleguapa tango table, were also
developed as prototypes.

60 A local TV station in Florence made recordings of the development and production of the Bamboo Shoe's remake by Jan Jansen and Aldo Binarelli in March 2004. These images can be found on YouTube under 'Jan Jansen Productie Bamboe, Rotan schoenen' (consulted September 2012).

61 Jansen in conversation with the author, 13 February 2013. See also *Residence*, April 2009, p. 22. The chaise longue never went into production.

47 **Tentoonstelling / Exhibition 'Jan Jansen, Master of Shoe Design', Japan, 2003-04**

ontwerp tentoonstelling / exhibition design: Lok Jansen

48 Schetsen voor de remake van de Bamboeschoen /
Sketches for the remake of the Bamboo Shoe, 2004

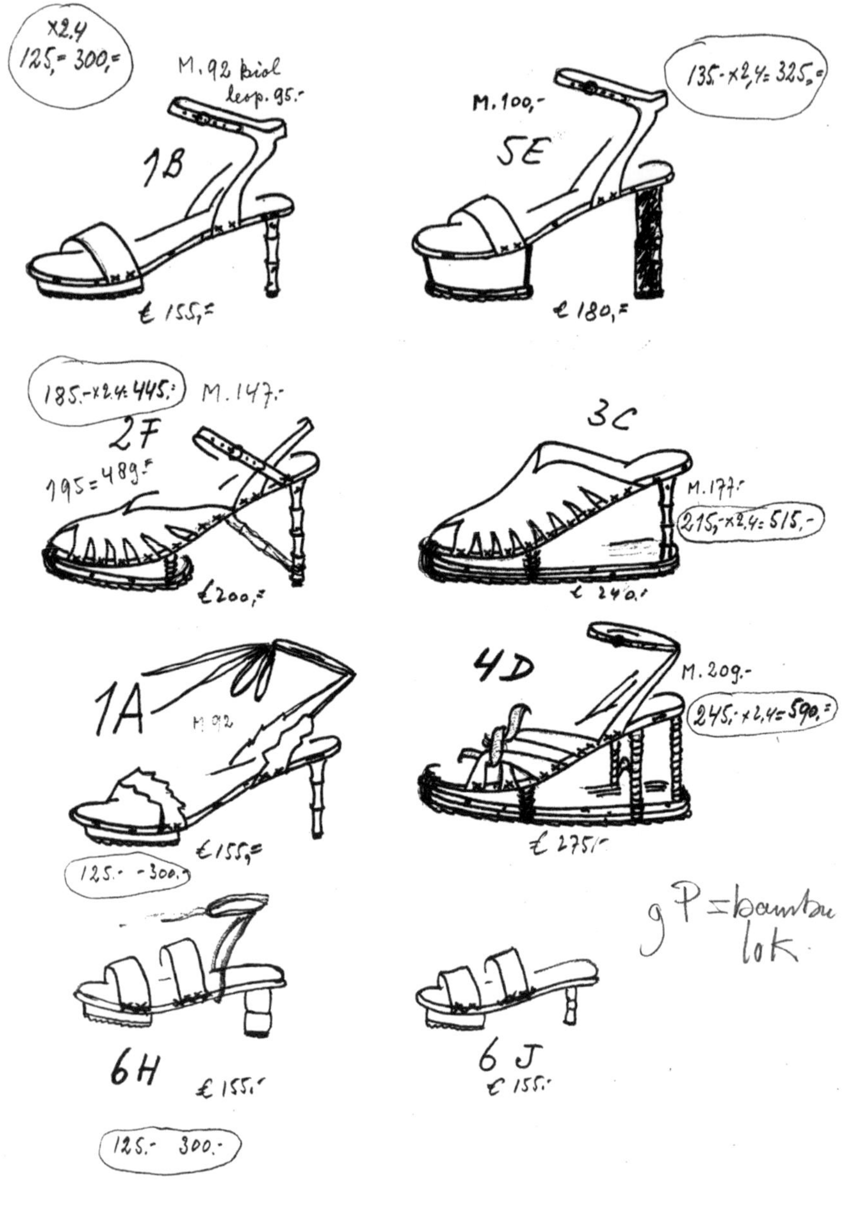

49 Stalen mallen waarin de verhitte rotan stokken worden gebogen om de zolen van de remake te maken. Onderste twee beelden: zolen van de remake van de Bamboeschoen uit 2004, gemaakt door Eraldo Trapassi, Italië. / Steel moulds in which heated rattan strips were curved to make the remake's sole. Bottom two images: soles for the Bamboo Shoe remake from 2004, made by Eraldo Trapassi, Italy.

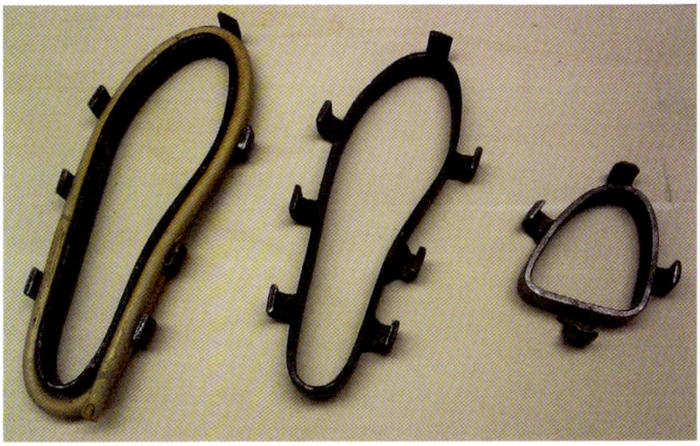

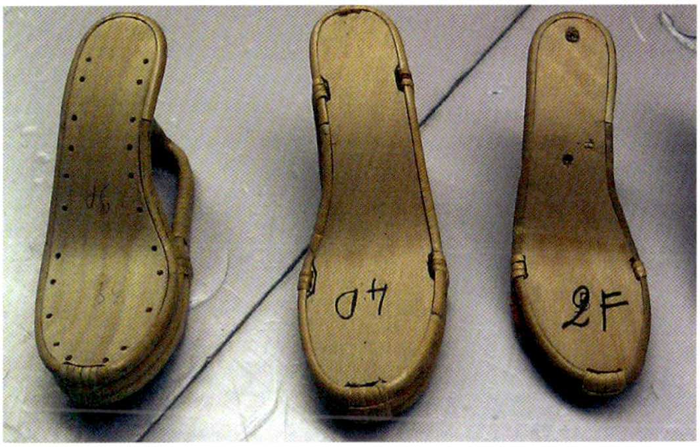

50 **Jan Jansen maakt samen met Eraldo Trapassi de zolen voor de remake van de Bamboeschoen / Jan Jansen making the soles for the Bamboo Shoe remake with Eraldo Trapassi, 2004**
stills uit film van/stills from film by Nello Frediani

51 **Remake Bamboeschoen, met triplex binnenzool / Bamboo Shoe remake with plywood insole, 2004**
foto/photo: Lex Reitsma

52 **Variaties van de remake van de Bamboeschoen / Variations on the Bamboo Shoe remake, 2004**

Variant van de remake van de Bamboeschoen /
Variation on the Bamboo Shoe remake

Paraboolzool, ontwerp Lok Jansen /
Parabola sole, design Lok Jansen

53 **De remake van de Bamboeschoen in de pers / The Bamboo Shoe remake in the press**

***Elle*, april / April 2005**
foto / photo: Denise Boomkens

'In His Shoes', *Elle*, november / November 2006

‘Wild & Glamorous’, *Elle* (Japan), 2005

Publicatie in een Japanse krant / Publication in a Japanese newspaper, c. 2003

ガッバーナ ジャパン)

WILD & GLAMOROUS

ワイルドにきめたい野性的グラマラス

迫力満点のレオパードに、ミステリアスなスネークスキンなど、春夏もアニマルブームは続行の予感。ドルチェ&ガッバーナのようにリッチなサファリ風に取り入れるのもおすすめ。

1

2

ELLE 138

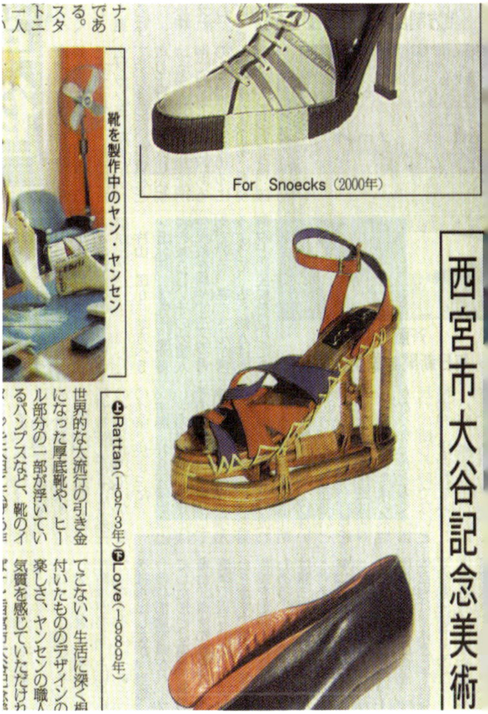

ナー
であ
る。
スタ
トニ
ー人

靴を製作中のヤン・ヤンセン

For Snoecks (2000年)

西宮市大谷記念美術

(上)Rattan(1973年)(下)Love(1989年)

世界的な大流行の引き金になった厚底靴や、ヒール部分の一部が浮いているパンプスなど、靴のイ

てこない、生活に深く根付いたもののデザインの楽しさ、ヤンセンの職人気質を感じていただけれ

54 **Jan en Tonny Jansen met variaties van de remake van de Bamboeschoen / Jan and Tonny Jansen with variations on the Bamboo Shoe remake, 2005**
uit/from: *Elsevier*
foto/photo: Suzanne van de Kerk

55 **Karin Bloemen met de remake van de Bamboeschoen uit 2004 / Karin Bloemen with the Bamboo Shoe remake from 2004**
foto / photo: Sander Veeneman, 2013

56 **High Tea chaise longue, 2007**
Prototype: Amerland

57 Jan Jansen werkt aan het model voor een bankje /
Jan Jansen working on the model for a small sofa, 2007

58 Bamboebankje met krokodillenleer /
Bamboo sofa with crocodile-skin upholstery, 2007

59 Schoenontwerp van Prada in tentoonstelling / Shoe design by Prada in the exhibition 'Jan Jansen en Swip Stolk – twee meesterontwerpers', Museum Het Valkhof, Nijmegen, 2009

60 **Schoenontwerp van Prada / Shoe design by Prada, 2005**
foto/photo: Peter Stigter

61 **Schoenontwerp van Dolce & Gabbana / Shoe design by Dolce & Gabbana, 2012**
foto/photo: Peter Stigter

62 **Jan Jansen met de door Armani nagemaakte Tutti Piedi-schoen (links) en het orgineel (rechts) / Jan Jansen with the Armani copy of the Tutti Piedi shoe (left) and his original (right)**
foto / photo: Vincent Mentzel / Hollandse Hoogte

Ondanks de verschillende *rip-offs* en variaties kent de remake van de Bamboeschoen opnieuw geen groot commercieel succes: er wordt slechts een honderdtal paren geproduceerd in 2004 en 2005. Wellicht is de schoen toch te uitgesproken extravagant om een verkoopsucces te worden. Ook is de schoen behoorlijk prijzig.[62] Wie de schoen zeker wel waardeert, is
55 zangeres en cabaretière Karin Bloemen. Zij is al sinds 1993 een vaste klant van Jansen, en draagt zijn schoenen vaak bij optredens. Bloemen over de Bamboeschoen: 'Ze zitten geweldig! Ik heb ermee opgetreden, onder andere voor de cd-presentatie van *Weet je nog?* in juni 2005. De schoen heeft een prima pasvorm, net als alle schoenen van Jan Jansen.'[63]

Ondanks de teleurstellende verkoopresultaten besluit Jansen in 2010 om toch nog een oplage Bamboeschoen te laten produceren. Na veel moeite lukt dit dankzij de toenmalige Nederlandse directeur van Gucci, Robert Polet, bij de fabriek van Paoletti Calzature in Italië, waar ook schoenen van Gucci worden gemaakt

Liefdevolle adopties

Met de remake van de Bamboeschoen stond Jansen in 2004 op de schoenenbeurs Première Classe in Parijs. Een buitengewoon nieuwsgierige bezoeker, die een dag later terugkwam vergezeld van een andere 'schoenenboer', viel Jansen daar op. De mannen bestudeerden de schoen van alle kanten, maar bestelden niets. Later vermoedt Jansen dat dit wel eens ontwerpers van het Italiaanse modehuis Prada kunnen zijn geweest, 'maar dat kan je nooit bewijzen'. Feit is wel dat Prada in 2005 met een
59, 60 schoen komt die verdacht veel lijkt op Jansens Bamboeschoen. Dit Italiaanse model heeft eenzelfde constructie, met als enige verschil dat de onderkant van de zool bij Prada dicht is. De Bamboeschoen, zowel het origineel als de remake, heeft een opengewerkte zool. Alhoewel Jansen nooit patent heeft aangevraagd op de Bamboeschoen bij het Benelux Modellenbureau, claimt hij toch de rechtmatige eigenaar van het auteursrecht op dit model te zijn. Er is voldoende documentatie van de originele schoen uit 1973, maar dit maakt niet veel verschil. Prada's bamboeschoen heeft genoeg uiterlijke afwijkingen om te verhinderen dat het Italiaanse modehuis ooit succesvol zou kunnen worden aangeklaagd door de Nederlandse ontwerper.

62 € 499 en € 599 euro volgens Jansen; € 500 volgens een reportage in de Nederlandse *Elle*, april 2005.

63 De cd-presentatie van *Weet je nog?* vond plaats op 7 juni 2005. Het paar dat Karin Bloemen hier droeg, was de mint-blauwe sandaalachtige remake Bamboeschoen uit 2004. Reactie van Karin Bloemen via e-mail aan auteur, 10 februari 2013.

En voor wie zou Jansen eigenlijk zijn gelijk moeten halen? Experts herkenden de Prada-schoen bij de introductie in 2005 immers meteen als een afgeleide van Jansens model. Nadat Jansen met de remake van de Bamboeschoen heeft geposeerd voor het tijdschrift *Elsevier* in maart 2005, wordt de Prada-schoen in september 2005 op de catwalk direct herkend door *Elsevier*-journalist John de Greef als een afgeleide ervan. Deze Prada-variant wordt vervolgens door *Vogue* uitgeroepen tot 'schoen van het komend lenteseizoen' en tot 'beste schoen' tijdens London Fashion Week in 2006.[64] Ondanks het internationale succes dat Prada boekt, wordt het model in verschillende media gepresenteerd als een afgeleide van Jansens Bamboeschoen. Zo wordt in de Nederlandse *Elle* in 2006 een afbeelding
53 van de Prada-schoen naast Jansens Bamboeschoen geplaatst.
De Greef kopt in januari 2006 op de website van *Elsevier*: 'Sandaal wordt bijna een schandaal: Italiaanse modemerk Prada kopieert Nederlandse schoen van ontwerper Jan Jansen'. Met dergelijke publiciteit is een rechtszaak overbodig.

In de berichtgeving rondom het 'Prada-schandaal' wordt gerefereerd aan een rechtszaak die Jansen eerder voerde. In 2005 klaagde hij namelijk Armani aan, nadat die een model had gefabriceerd dat wel heel erg leek op
62 Jansens Tutti Piedi-veterschoen uit 1994.[65] De schoen van Armani werd niet alleen in de winkel verkocht, maar verscheen ook in advertenties van een Armani-parfum. Al had Jansen eerder in zijn carrière te maken had gehad met afgeleide ontwerpen – door hem 'liefdevolle adopties' genoemd – dit ging hem te ver. Toen Armani rectificatie weigerde, spande Jansen een rechtszaak aan. Ondertussen vertelde Jansen in meerdere interviews dat Armani zijn schoen had nagemaakt. Hij stelde daarbij dat de Tutti Piedi wellicht door de simpelheid van het ontwerp bijna geen schoen te noemen was, maar eerder een stuk leer met een veter erdoorheen. Deze uitspraken gebruikte Armani in de rechtbank: het zou hier niet gaan om een origineel ontwerp, maar om een gebruiksvoorwerp zonder unieke karakteristieke kenmerken, dat al gedragen werd door de Grieken en Romeinen. De rechter was het niet eens met Armani en oordeelde dat het hier een namaak betrof van de Tutti Piedi, wel degelijk een origineel ontwerp. Armani hoefde echter niet te rectificeren van de rechter; Jansen had immers al genoeg publiciteit verworven met de zaak.[66]

64 Aldus Jan Jansen zelf, navraag bij zowel *Vogue* als London Fashion Week over deze kwestie leverde echter niets op.

65 Deze zaak is uitgebreid juridisch beschreven en geanalyseerd door Maarten Schut in zijn essay 'Jansen vs Armani: Armani Found to Infringe Copyright of Dutch Shoe Designer', *Journal of Intellectual Property Law & Practice*, 1 (2006) 5, p. 307-309.

66 Idem, p. 309.

Like the 1970s models, the remake of the Bamboo Shoe did not enjoy
great commercial success, despite various rip-offs and variations, and
only a few hundred pairs were produced in 2004 and 2005. It may be that
the shoe is too extravagant in design for retail success after all. It is also
quite pricey.[62] Someone who does appreciate the shoe is singer and
cabaret performer Karin Bloemen, one of Jansen's regular clients since
55 1993, who often wears his shoes when she performs. This is what Bloemen
has to say about the Bamboo Shoe: 'They're terrifically comfortable! I've
even performed in them, including the CD presentation of *Weet je nog?*
in June 2005. They're a great fit, just like all of Jan Jansen's shoes.'[63]

Despite the disappointing sales results Jansen decided to produce another run of Bamboo Shoes in 2010. After much difficulty, he finally managed to arrange for them to be produced at the Paoletti Calzature factory in Italy, thanks to the mediation of Robert Polet, the then Dutch director of Gucci, whose shoes are also made by this factory.

Affectionate Adoptions

Jansen had a stand with the Bamboo Shoe at the 2004 Première Classe
shoe fair in Paris. During the fair his attention was drawn by an exception-
ally curious visitor, who returned the following day accompanied by
another 'shoe man'. The two visitors studied the shoe from all angles
but ordered nothing. Jansen later suspected that they may have been
designers from the Italian fashion house Prada, 'but you can never prove
it'. The following year Prada presented a shoe which looked suspiciously
59, 60 like Jansen's Bamboo Shoe. The Italian shoe incorporated the same
construction, the only difference being that the underside of the Prada sole
was closed, while the Bamboo Shoe, both the original and the remake,
featured an openwork sole. Jansen had never applied for a patent on the
Bamboo Shoe with the Benelux Patents' Office, but had legal title to the
model's copyright nevertheless, supported by plenty of documentation for
the original shoe from 1973. However, Prada's bamboo shoe had enough
differences in its appearance to prevent the Dutch designer from success-
fully suing the Italian fashion house.

62 € 499 and € 599 according to Jansen; € 500 according to a reportage in the Dutch edition of *Elle*, April 2005.

63 The CD presentation of *Weet je nog?* was held on 7 June 2005. The Bamboo shoes worn by Karin Bloemen during this presentation were the mint-blue sandal-type from 2004. E-mail reply from Karin Bloemen to the author, 10 February 2013.

But in whose eyes did Jansen actually need to seek redress? Experts immediately identified the Prada shoe as a version of Jansen's shoe at its 2005 introduction. Once Jansen had posed with the remake of the Bamboo Shoe for *Elsevier* magazine in March 2005, *Elsevier* journalist John de Greef instantly recognized the Prada shoe as a spin-off on the catwalk in September 2005. The Prada version of the Bamboo Shoe was subsequently proclaimed 'shoe for the forthcoming spring season' by *Vogue* and 'best shoe' during London Fashion Week in 2006.[64] Despite the international success gained by Prada, the shoe was presented in various media as a spin-off of Jansen's Bamboo Shoe. In 2006, for example, the Dutch edition of *Elle* placed a picture of the Prada shoe alongside Jansen's
53 Bamboo Shoe. De Greef's headline on the *Elsevier* website in January 2006 read: 'Sandal is almost a scandal: Italian fashion label Prada copies Dutch shoe by designer Jan Jansen.' With such publicity a lawsuit was unnecessary.

References were made in the news coverage of the 'Prada scandal' to a lawsuit that Jansen had previously brought. In 2005 he had sued Armani after the fashion house had produced a model that significantly
62 resembled Jansen's Tutti Piedi laced shoe of 1994.[65] The Armani shoe was not only sold in stores but also featured in advertisements for an Armani perfume. Earlier in his career Jansen had already encountered a number of design spin-offs – which he called 'affectionate adoptions' – but the Armani shoe went too far. When Armani refused to issue a rectification, Jansen brought a lawsuit against the firm. In the meantime he stated in various interviews that Armani had copied his shoe, although he admitted that the simplicity of the Tutti Piedi's design meant that it could hardly be called a shoe, as it was rather a piece of leather secured by a lace. Armani would use these statements by Jansen in court to claim that his shoe was not an original design but a functional object, which lacked unique and characteristic features and had already been worn by the ancient Greeks and Romans. The judge did not agree, however, and ruled that the Armani shoe was a copy of the Tutti Piedi, which was definitely an original design, although Armani was not required to issue a rectification as Jansen was deemed to have gained sufficient publicity from the lawsuit.[66]

64 According to Jan Jansen; however, inquiries to both *Vogue* and London Fashion Week produced no evidence of this.

65 The case has been extensively described and analysed by Maarten Schut in his legal essay 'Jansen vs Armani: Armani found to infringe copyright of Dutch shoe designer', *Journal of Intellectual Property Law & Practice* (2006) 5, p. 307-309.

66 Ibid., p. 309.

Een soortgelijk oordeel zou geveld kunnen worden over het 'Bamboeschoen-schandaal', mocht Jansen toch hebben besloten het Italiaanse modehuis aan te klagen. Er was al zo veel publiciteit rondom deze affaire; media hadden hun oordeel al geveld. Naast het gebrek aan noodzaak om zo'n lastige rechtszaak aan te gaan, zegt Jansen ook niet de financiële middelen of tijd ervoor te hebben gehad. Vlak na het ontdekken van de kopie door Prada gaf Jansen een reactie in *De Telegraaf*, waarin hij vertelde tot een regeling te zijn gekomen met Prada: 'Voor de zomercollectie mogen ze de schoen gebruiken. Maar willen ze hem nog langer verkopen, dan moet er een overeenkomst worden gesloten.'[67] Maar meer 'liefdevolle adopties' zijn niet tegen te gaan: in 2012 komen ook Dolce & Gabbana met een schoen
61 die, weliswaar indirecter, geïnspireerd lijkt door Jansens Bamboeschoen.

Veiling en tentoonstellingen

In 2006 werd Jan Jansen 65 jaar en zat hij 45 jaar in het vak. Toen Janine van den Ende, vrouw van mediagigant Joop van den Ende, hem vroeg hoe hij zijn verjaardag zou vieren, antwoordde hij: 'met een etentje met Tonny'. Van den Ende vond echter dat Jansens verjaardag en jubileum gevierd moesten worden met een eerbetoon aan zijn carrière. Dit werd door de VandenEnde Foundation gevonden in de vorm van een veiling bij Christie's. Volgens Jop Ubbens, directeur van Christie's, was de veiling van een groot aantal van Jansens ontwerpen de eerste van zijn soort in Nederland.[68]

De veiling, die plaatsvond op 14 februari 2007, is behalve bijzonder ook opmerkelijk: op de openbare veiling kregen zowel musea als particuliere liefhebbers en verzamelaars de kans de modellen te verwerven. Hierdoor was versnippering van Jansens oeuvre echter onvermijdelijk. Designcriticus Chris Reinewald becommentarieerde deze verspreiding van nationaal vormgevingserfgoed in *Museumvisie*.[69] Jansen realiseerde zich dit effect zelf terdege en had daarom besloten van zijn meest bijzondere schoenen slechts halve paren te verkopen. Uiteindelijk gold dit voor vijftig
63 collector's items. Honderd andere modellen werden verkocht in combinaties van twee paren; daarnaast werden er vijftien sets van elk vijfentwintig paren als 'minicollecties' geveild. Ten slotte werden er drie verschillende

67 *De Telegraaf*, 16 december 2005.

68 Christie's 2007, p. 3.

69 Reinewald citeert in zijn artikel Jos Holtkamp, toentertijd programmamanager van de erfgoed- en geschiedenis-afdeling van Premsela. Holtkamp reageert negatief op de veiling van Jansens werk bij Christie's, omdat deze musea ervan zou weerhouden het nationale ontwerperfgoed dat Jansens werk is, te beschermen. Chris Reinewald, 'Verdwijnt vormgevingserfgoed bij gebrek aan musea?', *Museumvisie*, 2007, nr. 3, p. 23.

sets van elk vijfentwintig leesten verkocht. Frappant is ook dat deze laatste twee categorieën van 'minicollecties' en leesten, een totaal van 450 modellen, tegelijkertijd als 'ideeën' werden verkocht. De hoogste bieder kocht dan ook niet alleen modellen en leesten, maar ook het recht de schoenen te produceren. Volgens Jop Ubbens was de veiling van Jansens 'schoensculpturen' een huldebetuiging aan een hedendaags meester.[70]

Huldebetuiging of niet, opvallend is het wel dat de ontwerper die na de voorvallen met Armani en Prada argwanend is geworden, akkoord gaat met het verkopen van de rechten. In de documentaire *In His Shoes* (2008) van Kitty Kooring legt hij dan ook uit dat het feit dat er 'ideeën' verkocht worden, betekent dat de kopers hiervan bij reproductie moeten aangeven dat het hier om een afgeleide van een origineel Jan Jansen-ontwerp gaat.[71] Hierdoor lijkt het alsof Jansen zich heeft neergelegd bij de bestaande kopieercultuur in de creatieve industrie en het zo nog in goede banen probeert te leiden. Expliciet toegespitst op de Bamboeschoen, die overigens niet als leest of 'idee' te koop is aangeboden, benadrukt Jansen nogmaals dat aangezien hij de eerste is die zo'n model van dit materiaal heeft ontworpen, het auteursrecht automatisch bij hem ligt.

Er kwamen wel vijf verschillende exemplaren van de Bamboeschoen ter veiling: vier als paren in combinatie met andere modellen, en één enkele schoen als collector's item. Alle geveilde Bamboeschoenen stamden uit de eerste oplages uit 1975/1976. Een paar zeegroene nubuck muil-achtige maat 40 werd, in combinatie met een metallic groen paar pumps, verkocht voor € 780. Een ander paar zeegroene Bamboeschoen-sandalen maat 39 werd samen met een paar zwarte sandalen voor € 1.140 geveild: het ging hier om een uniek model Bamboeschoen dat nooit in productie is genomen. De volgende set bestond uit een oranje nubuck sandaalachtige Bamboeschoen in maat 37, samen met bloemenprint *peeptoe*-sandalen, verkocht voor € 660. De laatste combinatie waarin een Bamboeschoen te koop werd aangeboden, bestond uit een brandykleurige nubuck variant maat 38 die geveild werd met een paars-rode pump, voor € 900. In totaal brachten deze vier Bamboeschoenen in paren €3.480 op. De enige Bamboeschoen die als los exemplaar werd geveild, was een lila sandaalachtige variant, die € 780 opbracht.[72]

70 Christie's 2007, p. 2-4.

71 Jan Jansen in *In His Shoes*, regie: Kitty Kooring, *AVRO Close-up* (tv), 2008.

72 Dit bedrag van € 780 opgeteld bij € 1.740 (de helft van € 3.480, aangezien bij dit bedrag de paren Bamboeschoenen in combinatie met andere modellen werden verkocht) komt neer op een totaalbedrag van € 2.520 voor de vijf verschillende Bamboeschoenen. Alle opbrengsten van de veiling bij Christie's zijn terug te vinden op de site van het veilinghuis: www.christies.com.

A similar ruling could have been made regarding the Bamboo Shoe scandal, if Jansen had chosen to sue the Italian fashion house. However, a great deal of publicity was accorded to this affair and the media had already pronounced judgement. Jansen explained that, in addition to not feeling a need to initiate such a tricky lawsuit, he also lacked the financial resources and time for such an action. Shortly after discovering the Prada copy, Jansen gave a reaction to *De Telegraaf* in which he explained that he had reached an agreement with Prada: 'They may use the shoe for the summer collection. But if they want to sell it for longer, there has to be a settlement.'[67] It proved impossible to prevent further 'affectionate adoptions', however: in 2012 Dolce & Gabbana also launched a shoe that seems
61 to have been inspired by Jansen's Bamboo Shoe, albeit more indirectly.

Auction and Exhibitions

In 2006 Jan Jansen turned 65 and had been in his profession for 45 years. When Janine van den Ende, wife of media magnate Joop van den Ende, asked him how he was planning to celebrate his birthday, Jansen replied 'with a meal with Tonny'. Janine van den Ende thought that Jansen's birthday and anniversary should be marked by a tribute to his career, so the VandenEnde Foundation arranged for the auction of a large number of Jansen's designs at Christie's. Christie's director Jop Ubbens declared that the sale was the first of its kind in the Netherlands.[68]

The public auction, held on 14 February 2007, was remarkable as well as unique, for it gave both museums and private fans and collectors an opportunity to acquire shoes by Jansen. However, the sale inevitably broke up Jansen's oeuvre. Design critic Chris Reinewald commented on this scattering of national design heritage in *Museumvisie*.[69] Jansen himself was thoroughly aware that this would be a consequence of the auction and therefore decided to sell only one shoe from the pairs of his most exceptional models. This restriction ultimately extended to 50 collector's
63 items. Hundreds of other models were sold in combinations of two pairs,

67 *De Telegraaf*, 16 December 2005.

68 *Jan Jansen: In His Shoes*, auction catalogue, Amsterdam (Christie's) 2007, p. 3.

69 In his article Reinewald quoted Jos Holtkamp, then programme manager of Premsela's heritage and history department. Holtkamp responded negatively to the auction of Jansen's work at Christie's, as he believed that this would deter museums from protecting the national heritage that was Jansen's work. Chris Reinewald, 'Verdwijnt vormgevingserfgoed bij gebrek aan musea?', *Museumvisie* no. 3 (2007), p. 23.

while 15 sets of 25 pairs were sold as 'mini collections'. Finally, three different sets of 25 lasts per set were also sold. Remarkably, the mini collections and lasts, comprising a total of 450 models, were also sold as 'ideas', which meant that the highest bidder not only bought these objects but also acquired the right to produce the models they represented. According to Jop Ubbens the auction of Jansen's 'shoe sculptures' was 'a tribute to a contemporary master'.[70]

Tribute or not, it is striking that the designer, who had become more suspicious after the Armani and Prada affairs, agreed to sell his rights to his designs. In the documentary *In His Shoes* (2008) by Kitty Kooring, Jansen explains that the buyers of these 'ideas' at the auction would have to show that any reproductions were based on a Jan Jansen original.[71] From this it seems as if Jansen had resigned himself to the culture of copying in the creative industry and was trying to exercise some influence on this. Once again he explicitly asserted that the copyright of the Bamboo Shoe, which was not offered for sale as a last or 'idea', would remain in his hands, as he had been the first person to design such a model from this material.

Five different versions of the Bamboo Shoe were auctioned, however: four as pairs in combination with other models, and a single shoe as a collector's item. All the Bamboo Shoes auctioned came from the first production runs from 1975/1976. A pair of sea-green, nubuck, mule-type Bamboo Shoes in size 40 sold for € 780 in combination with a pair of metallic green pumps. Another pair of sea-green Bamboo sandals in size 39, a unique model never taken into production, was auctioned together with a pair of black sandals for € 1,140. The next set comprised an orange nubuck sandal-type Bamboo Shoe in size 37, together with floral print peep-toe sandals, sold for € 660. The final combination with a Bamboo Shoe comprised a brandy-coloured nubuck model that was auctioned together with a purple-red pump for € 900. These four pairs of Bamboo Shoes sold in combination with other shoe models raised a total of € 3,480. The only Bamboo Shoe sold as a single shoe was a lilac sandal-type which went for € 780.[72]

70 *Jan Jansen: In His Shoes*, auction catalogue, Amsterdam (Christie's) 2007, p. 2-4.

71 Jan Jansen in *In His Shoes*, directed by Kitty Kooring, *AVRO Close-up* (TV 2008).

72 Adding this sum of € 780 to € 1,740 (half of the € 3,480 raised by the pairs of Bamboo Shoes sold in combination with other models) makes a total of € 2,520 for the five different Bamboo Shoes. All the proceeds of the Christies' auction can be found on the Christie's site, at www.christies.com.

Vanuit de optiek dat de schoenen draagbare en dus functionele objecten zijn, lijkt de opbrengst redelijk. Alle verkochte Bamboeschoenen overschreden de verwachte verkoopwaarde van € 300 tot € 500. Maar deze opbrengst staat niet in verhouding tot de artistieke, non-monetaire waarde die toegekend wordt aan het ontwerp. De veiling bij Christie's leverde Jansen in totaal € 97.525 op. Een behoorlijk bedrag, maar de keerzijde ervan is dat Jansens collectie gedeeltelijk is versnipperd. Wie precies de kopers zijn is lastig te achterhalen, aangezien zij het recht hebben anoniem te blijven.

Wel bekend is dat onder de kopers Museum Het Valkhof was, uit
Jansens geboortestad Nijmegen.[73] Zij boden met het oog op de organisatie
van een grote tentoonstelling van Jansens werk twee jaar later. Van
7 februari tot en met 30 augustus 2009 presenteerde dit museum 'Jan
64 Jansen en Swip Stolk – twee meesterontwerpers'. De tentoonstelling in
Nijmegen bevatte circa 160 schoenen van Jan Jansen, alsmede voor het
eerst zijn meubelontwerpen.[74] Een Bamboeschoen was er in een verlichte
zuil geplaatst, boven de Prada-schoen met als tekstbordje: 'Deze schoen is
een plagiaat van de originele Jan Jansen-rattan-bambu-schoen door
59 Prada'. De Bamboeschoen betrof de remake uit 2004, uitgevoerd in geel
met goud; de Prada-versie op display was ook geel. In de opstelling bleef
er voor bezoekers weinig keus dan de versie van Prada te interpreteren als
een directe kopie van Jansens Bamboeschoen. Frank van de Schoor, con-
servator moderne kunst in Museum Het Valkhof en verantwoordelijk voor de
tentoonstelling zegt over de vergelijking: 'Duidelijk was dat het kunstzinnige
ambacht van Jan Jansen in schril contrast stond met de meer industrieel
aandoende, weinig in detail uitgewerkte, schoen van Prada.'[75]

Museum Het Valkhof had de Bamboeschoen geleend van Jan Jansen.
Er zijn echter behalve het Centraal Museum Utrecht nog enkele musea
die de Bamboeschoen in de collectie hebben. Zo bezit het Nederlands
Leder- en Schoenenmuseum in Waalwijk een (linker)schoen van beige
65 nubuck met kruisende banden. Volgens conservator Inge Specht is deze in
1974 of 1975 geschonken door Jansen. De ontwerper was bevriend met Jac
Bergmans, schoenfabrikant in Waalwijk en gedurende enige jaren voorzitter
van het museumbestuur. Jansen sloot in de vroege jaren zeventig een over-
eenkomst met Bergmans, die schoenen voor hem fabriceerde: de ontwerper
hoefde de gefabriceerde modellen pas te betalen als ze verkocht waren.

73 Alhoewel dit museum tijdens de veiling geen Bamboeschoenen aankocht, werden er wel andere modellen verworven. *De Gelderlander*, 23 januari 2007.

74 Van Swip Stolk werden sieraden en wandobjecten getoond, zie www.museumhet-valkhof.nl (geraadpleegd 12 april 2012).

75 Frank van de Schoor in e-mail aan auteur, 9 mei 2012.

De tegenprestatie van deze consignatie was dat Jansen verschillende schoenen ter beschikking stelde aan de museumverzameling in Waalwijk. Sinds het jaar van schenking is de Bamboeschoen regelmatig tentoongesteld in het Nederlands Leder- en Schoenenmuseum. Vanaf 2000 staat het ontwerp in de vaste opstelling, waarbij Specht het belang van het bijzondere ontwerp onderschrijft.[76]

Naast het museum in Waalwijk heeft ook het Deutsches Ledermuseum/Schuhmuseum Offenbach twee enkele schoenen in de collectie: een rode en een blauwe sandaalachtige variant, waarvan er één permanent op display staat.[77] Daarnaast bezitten ook enkele musea in Japan Bamboeschoenen, evenals het eerdergenoemde SONS in België, dat twee modellen heeft. William Habraken:

> Als verzamelaar van de etnografische en designercollectie in SONS vond ik dat de illustere ontwerper Jansen zonder meer daarin opgenomen moest worden met zijn inspirerende vakmanschap, maar vooral ook vanwege zijn doortimmerde commerciële ontwerpen. Dat laatste is oneindig veel moeilijker dan enkele unieke ontwerpen creëren die slechts voor enkele voetjes bestemd zijn.[78]

SONS heeft een beige met camel en een effen beige sandaalachtige versie van de Bamboeschoen in de collectie.

Uit de omschrijving van Jansens vakmanschap door Habraken blijkt veel waardering. Opnieuw wordt bevestigd dat (schoenen)musea zowel het functionele als het kunstzinnige aspect van Jansens werk waarderen. Het commerciële karakter van Jansens esthetiek, zoals Habraken dat omschrijft, gaat echter voor de Bamboeschoen niet op. Wellicht hebben nog meer musea de Bamboeschoen in het bezit, maar door de bewaakte anonimiteit van de kopers van de Bamboeschoen tijdens Christie's veiling is het onmogelijk de verblijfplaats hiervan te achterhalen.[79]

In 2009 was de Bamboeschoen, samen met enkele andere ontwerpen van Jansen, te zien in de tentoonstelling 'Gejaagd door de wind' in het Zuiderzeemuseum in Enkhuizen. Voor deze tentoonstelling waren werken geselecteerd van mode-, sieraden- en accessoireontwerpers, stylisten, fotografen en illustratoren die een beeld gaven van de creatieve

76 Inge Specht in e-mail aan auteur, 3 mei 2012.

77 Conservator dr. Rosita Nenno in e-mail aan auteur, 22 mei 2012.

78 William Habraken in e-mail aan auteur, 8 september 2012.

79 Volgens Jan Jansen hebben zowel het Museum of Contemporary Craft in New York alsook het Bata Shoe Museum in Toronto, Canada, een Bamboeschoen in hun collectie. Volgens Jop Ubbens heeft het New York Metropolitan een Bamboeschoen en zou deze daar zelfs permanent op display staan (Christie's 2007, p. 4). Deze verklaringen konden echter niet worden bevestigd door genoemde musea. Mogelijk bevonden deze of andere musea zich onder de anonieme kopers van de Bamboeschoen tijdens de veiling bij Christie's.

In the sense that the shoes were wearable and thus functional objects, the proceeds of the auction seem reasonable. All the Bamboo Shoes exceeded their estimates of € 300 to € 500. However, these proceeds bear no relation to the artistic, non-monetary value ascribed to design. The Christie's auction brought in a total of € 97,525 for Jansen. While this was a considerable sum, the downside of the sale was that it partially broke up Jansen's collection. It was also difficult to identify the buyers, as they had the right to remain anonymous.

What is known, however, is that these buyers included Museum Het Valkhof, from Jansen's home town of Nijmegen.[73] The museum's representatives bid for a number of lots with a view to organizing a major exhibition of Jansen's work two years later. From 7 February to 30 August 2009 the museum presented 'Jan Jansen en Swip Stolk – twee meester-
64 ontwerpers' (Jan Jansen and Swip Stolk – two master designers). The exhibition in Nijmegen included some 160 shoes by Jan Jansen, plus his furniture designs, which were displayed in public for the first time.[74] A Bamboo Shoe was set in a lighted pillar, above a Prada shoe whose text read: 'This shoe is a plagiarism by Prada of the original Jan Jansen rattan-bamboo shoe'; the Bamboo Shoe in question was a 2004 remake, in
59 yellow with gold, while the Prada version was also yellow. The display left visitors little choice but to interpret the Prada shoe as a direct copy of Jansen's Bamboo Shoe. Frank van de Schoor, curator of modern art at Museum Het Valkhof and compiler of the exhibition: 'It was clear that the industrial-looking Prada shoe with its lack of detailed finish contrasted shrilly with Jan Jansen's artistic craftsmanship.'[75]

Museum Het Valkhof had been loaned this Bamboo Shoe by Jansen. However, several museums apart from the Centraal Museum in Utrecht have a Bamboo Shoe in their collections. The Nederlands Leder- en Schoenenmuseum in Waalwijk, for example, has a left shoe of beige
65 nubuck with cross-bands. According to the curator Inge Specht it was presented to the museum by Jansen in 1974 or 1975. The designer was friends with Jac Bergmans, a shoe manufacturer in Waalwijk who served as chairman of the museum's board for a number of years. In the early 1970s Jansen reached an agreement with Bergmans, who manufactured

73 Although the museum did not buy a Bamboo Shoe during the auction, it did acquire other models. *Gulpen*, *De Gelderlander*, 23 January 2007.

74 Jewellery and wall objects by Swip Stolk were displayed, see www.museumhetvalkhof.nl (consulted 12 April 2012).

75 Frank van de Schoor in an e-mail to the author, 9 May 2012.

his shoes, which allowed the designer to pay for these only when they had been sold. In return, Jansen donated various shoes to the Waalwijk museum's collection. The Bamboo Shoe has been regularly exhibited in the Nederlands Leder en Schoenenmuseum since Jansen gave it to the institution. The shoe has even been included in the permanent presentation since 2000, an endorsement by Specht of this exceptional design's importance.[76]

The Deutsches Ledermuseum/Schuhmuseum Offenbach has two single shoes of the sandal type in its collection, one red, the other blue. One is on permanent display.[77] Several museums in Japan also have Bamboo Shoes, as does the SONS in Belgium, mentioned above, which has two models. William Habraken, curator of the SONS:

> As curator of the ethnographic and designer collection I thought that the illustrious designer Jan Jansen should be automatically represented on account of his inspiring craftsmanship, but mostly because of his thoroughly commercial designs. Producing the latter is infinitely more difficult than creating several unique designs intended for only a few feet.[78]

SONS has two sandal types in its collection, a beige with caramel version and a plain beige model.

Habraken's description of Jansen's craftsmanship expresses great appreciation and once more confirms that museums in general and shoe museums in particular value both the functional and artistic aspects of Jansen's work. The commercial character of Jansen's aesthetic, as described by Habraken, does not, however, apply to the Bamboo Shoe. It may be that more museums have examples of the Bamboo Shoe, but the anonymity extended to its buyers during the Christie's exhibition has made it impossible to trace their whereabouts.[79]

In 2009 the Bamboo Shoe was displayed at the 'Gejaagd door de wind' (Gone with the wind) exhibition in the Zuiderzeemuseum in Enkhuizen, together with several other Jansen designs. The exhibition

76 Inge Specht in an e-mail to the author, 3 May 2012.
77 Curator Rosita Nenno in an e-mail to the author, 22 May 2012.
78 William Habraken in an e-mail to the author, 8 September 2012.
79 According to Jan Jansen both the Museum of Contemporary Craft in New York and the Bata Shoe Museum in Toronto, Canada, have a Bamboo Shoe in their collections. Jop Ubbens avers that the Metropolitan Museum of New York has a Bamboo Shoe that is even on permanent display (Christie's 2007, p. 4). However, these assertions cannot be confirmed by the museums in question. It is possible that these or other museum were among the anonymous buyers of the Bamboo Shoe at the Christies' auction.

Nederlandse modewereld en hoe die zich verhoudt tot de Nederlandse kledingtraditie.[80] Speciaal voor 'Gejaagd door de wind' liet Jansen een uitvergrote versie van de Bamboeschoen vervaardigen. Het bovenstuk werd gemaakt door Sebastian de Line, een jonge Canadese schoenontwerper gevestigd in Amsterdam die regelmatig voor Jansen werkt. Het onderstel van de reuzenschoen werd gemaakt door Eraldo Trapassi, verantwoordelijk voor alle onderstellen van de remakes van de Bamboe-
65 schoen uit 2005 en 2010, evenals voor de chaise longue voor Gelderland.

Een van de meest recente museumpresentaties van de Bamboeschoen was in het Rijksmuseum, waar in het voorjaar van 2012 een enkele schoen werd opgesteld in de kast van nieuwste aanwinsten. Directeur Wim Pijbes schetst het belang ervan als volgt:

> De Bamboeschoen van Jan Jansen is een iconisch ontwerp dat uitdrukking geeft aan de tijd waarin het is ontstaan. Het informele van de jaren zeventig, de hippie trail, die de deur (opnieuw) opende naar het Oosten, krijgt zijn vertaling in het materiaalgebruik, de bamboe. Het anti-establishment, waarin Nederlandse ontwerpers als Emmy van Leersum en Gijs Bakker internationaal furore maakten door het gebruik van "on-edele" materialen, krijgt in dit schoenontwerp een vertaling in schoeisel.[81]

Net als Pijbes' kwalificatie benadrukt de begeleidende tekst bij de Bamboeschoen in het Rijksmuseum dat dit object kenmerkend is voor Jansens gebruik van eerlijk materiaal en de manier waarop de constructie zichtbaar is. Ook meldt de zaaltekst dat Jansen de eerste schoenontwerper was die met rotan werkte.

In 2012 is de Bamboeschoen ook opgenomen in de 'topstukkententoonstelling' in het Centraal Museum Utrecht, waarin de belangrijkste werken uit de verschillende collectieonderdelen van het museum bijeen
67 zijn gebracht.[82] Zoals conservator Hanneke Adriaans in de jaren zeventig al de historische waarde van de Bamboeschoen inzag, wordt deze nu bevestigd door de huidige conservator Ninke Bloemberg, die Jansen beschouwt als een ontwerper van nationaal belang. Ook zij noemt Jan Jansen in één adem met de vernieuwende ontwerpers Gijs Bakker en Emmy van Leersum.[83]

80 'Gejaagd door de wind', Zuiderzeemuseum, Enkhuizen, 22 maart–25 oktober 2009.

81 Wim Pijbes in e-mail aan auteur, 13 augustus 2012.

82 'Dit is het Centraal Museum!', Centraal Museum Utrecht, 29 september 2012–1 september 2015.

83 Ninke Bloemberg in e-mail aan auteur, 6 juni 2012.

Nationaal erfgoed

Wim Pijbes en Ninke Bloemberg benadrukken beiden het belang van Jansen voor het 'Dutch Design' – een populaire en wijdverspreide term. Hoewel het definiëren van een 'typisch Nederlands ontwerp' lastig is, zijn bepaalde kernwaardes vaak van toepassing op Dutch Design: innovatief en onconventioneel qua vorm en materiaalgebruik, alsmede experimenteel en niet zelden humoristisch. Jansens ontwerpen zijn onder deze noemers te scharen. Wellicht is dit dan ook een reden dat zijn werk, en dan ook vooral de Bamboeschoen, zo geliefd zijn bij musea: Jansens ambachtelijke kwaliteiten, innovatieve constructies en materiaalkeuzes belichamen, al dan niet bewust, een Nederlandse ontwerpesthetiek.

Naast musea hebben ook de media invloed op de status van een object en zijn maker. In 2003 werden er twee boeken uitgebracht die beide een overzicht geven van de belangrijkste Nederlandse ontwerpen: *Dutch Design van de twintigste eeuw*, samengesteld door Toon Lauwen, en *Designers in Nederland* door Timo de Rijk, met medewerking van Wim Pijbes.[84] De eerste publicatie biedt een overzicht van 384 belangrijk ontwerpen die 'tussen 1900 en 2000 het gezicht van Nederland mede bepaalden'.[85] Tot de achtentwintig opgenomen 'accessoireontwerpen' behoren zes paar schoenen, waaronder de Woody en de Bamboeschoen. Lauwen schrijft over Jansen: 'Een goed ontwerper wordt vaak nagedaan (...) En die stelregel is wel erg goed van toepassing op Jan Jansen. Jansen is zonder twijfel een van de meest geplagieerde schoenmakers van Europa.'[86] Informatie als deze draagt bij aan de iconisering van de Bamboeschoen, met een directe link naar de namaaksandalen. *Designers in Nederland* presenteert werk van driehonderd Nederlandse ontwerpers. Volgens de auteurs geniet Jansen de dubieuze eer de 'meest gekopieerde ontwerper van Nederland' te zijn.[87] De versie van de Bamboeschoen door Prada wordt hierbij overigens niet expliciet genoemd; wel wordt de Bamboeschoen aangehaald als een van Jansens belangrijkste ontwerpen. Het is veelzeggend dat beide overzichtsboeken het belang van de beruchte namaken in Jansens carrière benadrukken. Het lijkt erop dat de Bamboeschoen van Prada op een indirecte manier heeft bijgedragen aan de iconisering van dit ontwerp in de media. Door de verslaggeving

84 Toon Lauwen, *Dutch Design van de 20ste eeuw*, Bussum 2003 en Timo de Rijk (red.), *Designers in Nederland: Een eeuw productvormgeving*, Amsterdam/Gent 2003.

85 Lauwen (op cit. noot 84), p. 7.

86 Lauwen (op cit. noot 84), p. 17.

87 De Rijk (op cit. noot 84), p. 194.

presented a selection of works by fashion, jewellery and accessory designers, stylists, photographers and illustrators which painted a picture of the creative Dutch fashion world and its connection with Dutch clothing traditions.[80] Jansen had a scaled-up version of the Bamboo Shoe especially made for 'Gejaagd door de wind'. The upper was created by Sebastian de Line, a young Canadian shoe designer based in Amsterdam, who regularly works for Jan Jansen. The under section of the giant shoe was made by Eraldo Trapassi, who was responsible for all the soles of
65 the 2005 and 2010 Bamboo Shoe remakes, plus the lower element of the Gelderland chaise longue. One of the most recent museum presentations of the Bamboo Shoe was in the Rijksmuseum, where a single shoe was displayed in the spring of 2012 in the case of new acquisitions. Director Wim Pijbes outlines its importance:

> The Bamboo Shoe by Jan Jansen is an iconic design that gives expression to the time in which it was created. The informal character of the 1970s and the hippy trail that opened (or reopened) the gateway to the East were translated in the material used, bamboo. The anti-establishment mood, in which Dutch designers such as Emmy van Leersum and Gijs Bakker created an international sensation through the use of 'non-precious' materials, was translated into footwear in this shoe design.[81]

Like Pijbes's analysis, the text accompanying the Bamboo Shoe in the Rijksmuseum emphasized that this object exemplified Jansen's use of honest materials and tendency to keep structure visible. The gallery text also mentioned that Jansen was the first shoe designer to work with rattan.

In 2012 the Bamboo Shoe was included in the Highlights exhibition in the Centraal Museum in Utrecht, which brought together the most
67 important works from the museum's various collections.[82] Just as curator Hanneke Adriaans had realized the historical value of the Bamboo Shoe back in the 1970s, this was now confirmed by the present curator Ninke Bloemberg, who regards Jansen as a designer of national importance. She also speaks of Jan Jansen in the same breath as the innovative designers Gijs Bakker and Emmy van Leersum.[83]

80 'Gejaagd door de wind', Zuiderzeemuseum, Enkhuizen, 22 March–25 October 2009.

81 Wim Pijbes in an e-mail to the author, 13 August 2012.

82 'Dit is het Centraal Museum!', Centraal Museum Utrecht, 29 September 2012–1 September 2015.

83 Ninke Bloemberg in an e-mail to the author, 6 June 2012.

Wim Pijbes and Ninke Bloemberg both stress Jansen's importance to 'Dutch Design' – a popular and widespread term. Although it is hard to define a 'typically Dutch design', specific core values often apply: innovative and unconventional forms and materials, combined with an experimental and often humorous character. Jansen's designs certainly fall into these categories. This may also be a reason why his work, in particular the Bamboo Shoe, is so prized by museums, for Jansen's artisanal qualities, innovative constructions and choice of materials embody, consciously or unconsciously, a Dutch design aesthetic.

The media, like museums, can also influence the status of an object and its maker. In 2003 two books that both provide an overview of the most important Dutch designs were published, *Dutch Design van de twintigste eeuw*, compiled by Toon Lauwen and *Designers in Nederland* by Timo de Rijk, with the collaboration of Wim Pijbes.[84] The first of these publications provides an overview of 384 important designs that 'helped to determine the face of the Netherlands between 1900 and 2000'.[85] Among the 28 'accessory designs' in the book are six pairs of shoes, including the Woody and the Bamboo Shoe. Lauwen writes of Jansen: 'A good designer is often imitated... and that maxim is certainly applicable to Jan Jansen. Jansen is undoubtedly one of the most plagiarized shoe makers in Europe.'[86] Information like this, making a direct connection with the Bamboo Shoes' sandal imitators, contributes to the design's iconization. *Designers in Nederland* presents work by 300 Dutch designers. According to the authors Jansen enjoys the dubious honour of being the 'most copied designer from the Netherlands'.[87] Prada's version of the Bamboo Shoe is not explicitly cited in this connection, although the Bamboo Shoe is presented as one of Jansen's most important designs. It is significant that both surveys stress the importance of the infamous copies in Jansen's career, for this suggests that the Prada version of the Bamboo Shoe indirectly contributed to the design's iconization in the media, with reporting of the Prada version focusing more positive

84 Toon Lauwen, *Dutch Design van de 20ste eeuw*, Bussum 2003 and Timo de Rijk (ed.), *Designers in Nederland: Een eeuw productvormgeving*, Amsterdam/Ghent 2003.

85 Lauwen (op. cit, note 84), p. 7.

86 Lauwen (op cit. note 84), p. 17.

87 De Rijk (op cit. note 84), p. 194.

63 **Collector's item Bamboeschoen van Jan Jansen, *In His Shoes*, veilingcatalogus Christie's / Jan Jansen Bamboo Shoe collector's item, *In His Shoes*, Christie's auction catalogue, Amsterdam, 2007**

151 (detail)

+151
'RATTAN,' 1973
lilac nubuck t-bar sandal, the wedge-shaped platform constructed of bamboo and rattan
€500-700 US$670-930

This lot will be sold with a specially designed display case.

125

64 **Tentoonstelling / Exhibition 'Jan Jansen en Swip Stolk – twee meester-ontwerpers', Museum Het Valkhof, 2009**
Onderste foto / Bottom photo: Tangotafel Oleguapa, 2007
productie/production: Amerland
foto's/photos: Museum Het Valkhof

65 Tentoonstelling / Exhibition 'Complimenten van / aan Jan Jansen', 2012, Nederlands Leder en Schoenen Museum, Waalwijk; Reuzen-Bamboeschoen, bovenstuk gemaakt en gemonteerd door Sebastian de Line, Amsterdam; onderstel gemaakt door Eraldo Trapassi, Italië. / Giant Bamboo Shoe, upper made and mounted by Sebastian de Line, Amsterdam; sole by Eraldo Trapassi, Italy.
foto / photo: Nederlands Leder en Schoenen Museum

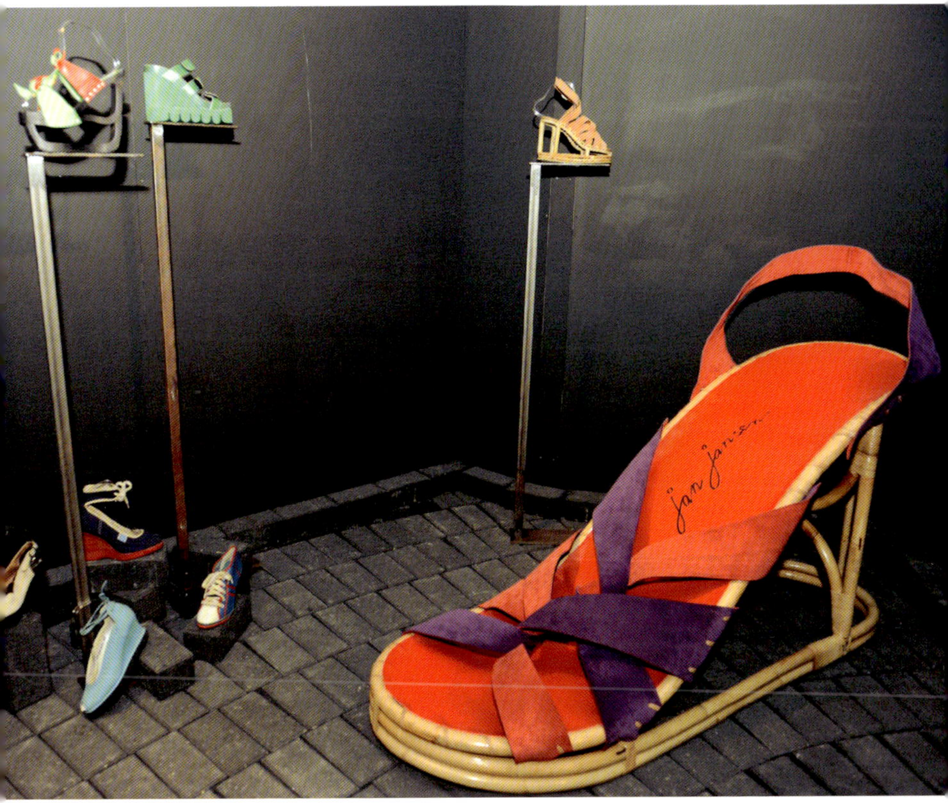

66 **Tentoonstelling / Exhibition 'Complimenten van / aan Jan Jansen', 2012, Nederlands Leder en Schoenen Museum, Waalwijk**
foto/photo: Nederlands Leder en Schoenen Museum

67 **Bamboeschoen uit 1975 in opstelling 'Topstukken' / Bamboo Shoe from 1975 in the presentation 'Topstukken', Centraal Museum Utrecht, 2012**
foto/photo: Centraal Museum Utrecht/Adriaan van Dam

Eamz Jessie, 2004
Eamz Pump, 2004

Möbius Hi, 2003
Mosaic Peeptoe, 2012

Solid Pump Hi, 2012
Loop Hi, 2004

69 **Ontwerpen van / Designs by Roswitha van Rijn**
Wings, 2005
Suède, kalfsleer, kraaltjes van hout en glas / Suede, calfskin, wooden and glass beads
foto/photo: Maarten Willemstein/Olivier Fourniguet